W0237091

ULRICH SCHWAB

GRAND PRIX 1984

ULRICH SCHWAB

GRAND PRIX 1984

Die Rennen zur Automobilweltmeisterschaft

MOTORBUCH VERLAG STUTTGART

Umschlaggestaltung: Siegfried Horn
unter Verwendung eines Ulrich-Schwab-Dias

Fotos im Innenteil:

Manfred Giet	2 (S. 89 oben, S. 133)
Josef und Daniel Reinhard	9 (S. 9, S. 68, S. 79 oben und unten, S. 80, S. 89 unten, S. 95, S. 109, S. 128)
Ulrich Schwab	129

Zeichnung:	SAIMA-McLaren
Redaktion und Statistik:	Ingeborg Schwab

ISBN 3-613-01023-2

1. Auflage 1984
Copyright © by Motorbuch Verlag, Postfach 1370, 7000 Stuttgart.
Eine Abteilung des Buch- und Verlagshauses Paul Pietsch GmbH & Co. KG.
Sämtliche Rechte der Verbreitung – in jeglicher Form und Technik – sind vorbehalten.
Satz und Druck: Druckerei Carle, 7134 Vaihingen/Enz.
Bindung: Verlagsbuchbinderei Karl Dieringer, 7000 Stuttgart.
Printed in Germany.

Inhalt

Formel 1

Gültigkeit:	1. Januar 1966 bis 31. Dezember 1984
Zugelassene Fahrzeuge:	Einsitzige Rennwagen mit Viertakt-Hubkolbenmotoren bis 1500 cm^3 mit Aufladung oder bis 3000 cm^3 ohne Aufladung, max. 12 Zylinder Kein Vierradantrieb, max. 4 Räder
Gewicht:	min. 540 kg (mit Öl und Wasser, ohne Kraftstoff und Ballast)
Vorgeschriebene Ausrüstung:	Überlebenszelle (Monocoque nach FIA-Spezifikation), Lebensrettungssystem (Preßluftflasche mit feuerfester Zuleitung zum Fahrerhelm), Feuerlöscher (5 kg Löschmittel für Cockpit, 2 kg für Motor/Getriebe-Bereich), 2 Überrollbügel, Stromkreisunterbrecher, Rückwärtsgang, Anlasser (Bordenergie für mindestens zwei Starts), Ölsammler (min. 3 l)
Besondere Vorschriften ab 1983:	Ebener Wagenboden zwischen der hinteren Verbindungslinie der Vorderräder und der vorderen Verbindungslinie der Hinterräder Verbot von Schürzen und anderen Dichtsystemen zwischen Fahrzeugkörper und Fahrbahn

Karosserie- und Fahrgestellabmessungen:	max. Breite zwischen Vorder- und Hinterachse:	1400 mm
	max. Bugüberhang:	1200 mm
	max. Hecküberhang:	800 mm
	max. Vorderradbreite:	457 mm
	max. Hinterradbreite:	457 mm
	max. Hinterraddurchmesser:	660 mm
	max. Gesamtbreite:	2150 mm
	max. Rumpfhöhe:	900 mm über Fahrbahn
	Bodenfreiheit:	60 mm
Abmessungen der Verkleidungen und aerodynamischen Hilfsmittel:	max. Breite vor der Vorderachse:	1500 mm
	max. Höhe vor der Vorderachse:	Felgenoberkante
	max. Breite hinter der Vorderachse:	1400 mm
	max. Höhe hinter der Vorderachse:	1000 mm über Fahrbahn
	max. Breite hinter der Hinterachse:	1000 mm
	max. Abstand von der Hinterachse:	600 mm

Zugelassener Kraftstoff:	max. 102 RON, max. 2% O, max. 1% N; mit Sondergenehmigung der FISA auch Flugbenzin
Kraftstoffmenge:	max. 220 l, Nachtanken verboten
Tanks:	Sicherheitstanks nach FIA/FT 3-Spezifikation
Verformbare Struktur:	Knautschzonen im Bereich des/der Tanks in Sandwichbauweise; Mindestdicke 10 mm, Mindestabstand 100 mm
Renndistanz:	min. 250 km, max. 320 km
Renndauer:	max. 2h

Formula Porsche: Kein Team kam mit der Kraftstoffrationierung besser zurecht als McLaren

Einführung

1982 wurde Keke Rosberg mit einem Sieg Weltmeister, 1984 reichten Alain Prost sieben Siege nicht zur Weltmeisterschaft. Nur ein halber Punkt trennte ihn zuletzt von Niki Lauda, der wie er einen McLaren-TAG/Porsche, das beste Auto des Jahres, fuhr. Als der weinende Sieger und der lachende Zweite in Estoril vom Treppchen stiegen, lag eine Saison so extrem wie die andere hinter ihnen, ein Jahr beispielloser Überlegenheit eines Teams. Noch nie hatten die Fahrer eines Rennstalls zwölf Rennen in einem Wertungsabschnitt gewonnen – acht Siege und vier Doppelsiege in 16 Rennen.

Obwohl der McLaren bei seinen ersten Einsätzen 1983 noch nicht die Fahreigenschaften und der TAG-Turbomotor von Porsche auch nicht die Leistung hatte, um die Konkurrenten für die kommende Saison das Fürchten zu lehren, wunderten sich die Kenner der Szene, daß ausgerechnet die stark französisch orientierte Federation Internationale du Sport Automobile (FISA) mit ihrem eigenwilligen Präsidenten Jean-Marie Balestre die mit den aufgeladenen Triebwerken gestiegenen Sicherheitsrisiken über eine Rationierung des Treibstoffs wieder zu senken versuchte – die neue Verbrauchsregel, nach der nur 220 Liter mitgeführt und nicht nachgetankt werden durfte, paßte niemand besser ins Konzept als den Endurance-Spezialisten von Porsche. Tatsächlich hatten Prost und Lauda, während ihre Kollegen das Ziel oft nur knapp oder überhaupt nicht erreichten, meist noch 20 Liter im Tank.

Gegenüber den Folgen der Regeländerung, die übrigens keines der Autos für längere Zeit langsamer und ihre Konstrukteure – wieder einmal – zu Grenzgängern der Legalität machte, nahmen sich die Auswirkungen der in der Formel 1 nicht so ganz freien Wahl des Arbeitsplatzes geradezu bescheiden aus. Außer Alain Prost, der als Vizeweltmeister bei Renault abmusterte und als gleichberechtigter Partner von Niki Lauda bei McLaren anheuerte, wechselten im Kreis der Spitzenfahrer nur Michele Alboreto (von Tyrrell zu Ferrari), Riccardo Patrese (von Brabham zu Euroracing-Alfa Romeo), Patrick Tambay (von Ferrari zu Renault) und Derek Warwick (von Toleman zu Renault) den Rennstall. Für Michele Alboreto war es die einmalige Chance, als erster Italiener seit 1973 (Merzario) wieder Ferrari zu fahren, eine Gelegenheit, auf die zum Beispiel Riccardo Patrese sieben Jahre lang vergeblich wartete. Nelson Piquet, der »amtierende« Weltmeister, führte weiterhin das abwechselnd von Teo und Corrado Fabi und zum Saisonende auch von Manfred Winkelhock verstärkte Brabham-Team an, Rene Arnoux besetzte nach wie vor das zweite Ferrari-Cockpit, Elio de Angelis und Nigel Mansell blieben bei Lotus und Keke Rosberg und Jacques Laffite erfüllten ihre Williams-Verträge.

Im zweiten Glied, aus dem sich auch der neue Toleman-Star und Senkrechtstarter Ayrton Senna da Silva erst einmal erheben mußte, hielten Marc Surer und Thierry Boutsen bei Arrows, Manfred Winkelhock (bis zur Trennung vor dem Großen Preis von Europa) bei ATS und Piercarlo Ghinzani bei Osella die Stellung. Zu ATS und Osella stießen später noch Gerhard Berger und Jo Gartner, die als Fahrer der bei Nennungsschluß im Dezember nicht gemeldeten Zweitwagen jedoch keine Punkte erhalten durften und daher trotz ihrer guten Plazierungen beim Großen Preis von Italien nicht in der Tabelle erschienen. Eddie Cheever wechselte von Renault zu Euroracing-Alfa Romeo, Philippe Alliot, Dr. Jonathan Palmer und der nur beim Großen Preis von Kanada angetretene Mike Thackwell bildeten das neue RAM-Team und Philippe Streiff fuhr beim Großen Preis von Portugal einen dritten Renault. Andrea de Cesaris und Francois Hesnault lösten bei Ligier die wie Chico Serra (zuletzt Arrows), Eliseo Salazar (zuletzt RAM-March), Kenny Acheson (zuletzt RAM-March), John Watson (zuletzt McLaren), Roberto Guerrero (zuletzt Theodore) und Danny Sullivan (zuletzt Tyrrell) in der Versenkung verschwundenen Jean-Pierre Jarier und Raul Boesel ab. Johnny Cecotto steuerte bis zu seinem schweren Trainingsunfall beim Großen Preis von England den zweiten Toleman, Mauro Baldi und Huub Rothengatter teilten sich den Spirit-Hart und der frühere Spirit-Fahrer Stefan Johansson sprang in drei Rennen für den verletzten Johnny Cecotto und in vier für den im Training zum Großen Preis von Dallas verunglückten Martin Brundle ein. Pierluigi Martini scheiterte

beim Großen Preis von Italien an der Qualifikationshürde.
Mit zweiten, dritten, fünften und sechsten Plätzen und den daraus resultierenden fünf und acht Weltmeisterschaftspunkten machten Stefan Bellof und Martin Brundle dem damals erst vier Zähler »starken« Ayrton Senna da Silva acht Rennen lang den Titel »Rookie of the Year« streitig. Bedauerlicherweise – und vielleicht sogar ohne Kenntnis der Fahrer – versuchte ihr Teamchef Ken Tyrrell jedoch das Leistungsdefizit ihrer Saugmotoren durch betrügerische Manipulationen mit dem Fahrzeuggewicht auszugleichen und wurde nach dem Großen Preis von Detroit dabei ertappt. Das FISA-Sportgericht entzog dem Team und seinen Piloten alle Punkte, die vor dem entscheidenden Großen Preis von Portugal noch an Alain Prost und andere vergeben wurden, und schloß sie auch für den Rest der Saison aus der Wertung aus.
Wenige Tage nach dem Großen Preis von Portugal verlieh Paul Alfons Fürst Metternich, der Präsident der Federation Internationale de l'Automobile (FIA) und des Automobilclubs von Deutschland (AvD), den Motorenkonstrukteuren Paul Rosche (BMW) und Hans Mezger (Porsche) den Fürst Metternich-Preis mit den Worten: »Für unser Land, für das Made in Germany, ist Ihre Ingenieurleistung ein hoher Gewinn. Sie haben mit Ihren Grand Prix-Motoren den Anschluß an die große Zeit der deutschen Silberpfeile wieder hergestellt.«

Führungswechsel: Der neue Weltmeister überholt den alten

Rennställe

	1983	1984
Marlboro Team Euroracing-Alfa Romeo Benetton Euroracing-Alfa Romeo (1984)	Andrea de Cesaris, Mauro Baldi	Riccardo Patrese, Eddie Cheever
Arrows Racing Team Barclay Nordica Arrows (1984)	Marc Surer, Chico Serra, Thierry Boutsen (Alan Jones)	Marc Surer, Thierry Boutsen
ATS Racing	Manfred Winkelhock	Manfred Winkelhock (Gerhard Berger)
Fila Sport Brabham Parmalat Brabham (1984)	Nelson Piquet, Riccardo Patrese	Nelson Piquet, Teo Fabi (Corrado Fabi, Manfred Winkelhock)
Sefac Automobili Ferrari S.p.A.	Patrick Tambay, Rene Arnoux	Michele Alboreto, Rene Arnoux
John Player Team Lotus	Elio de Angelis, Nigel Mansell	Elio de Angelis, Nigel Mansell
Automotive Team March Skoal Bandit RAM Automotive (1984)	Eliseo Salazar, Kenny Acheson (J.-L. Schlesser, Jacques Villeneuve)	Philippe Alliot, Dr. Jonathan Palmer (Mike Thackwell)
Marlboro McLaren International	John Watson, Niki Lauda	Alain Prost, Niki Lauda
Osella Squadra Corse	Corrado Fabi, Piercarlo Ghinzani	Piercarlo Ghinzani (Jo Gartner)
Equipe Renault Elf	Alain Prost, Eddie Cheever	Patrick Tambay, Derek Warwick (Philippe Streiff)
Equipe Ligier Gitanes Ligier LOTO (1984)	Jean-Pierre Jarier, Raul Boesel	Francois Hesnault, Andrea de Cesaris
Spirit Racing	Stefan Johansson	Mauro Baldi, Huub Rothengatter
Theodore Racing	Roberto Guerrero, Johnny Cecotto	–
Candy Toleman Motorsport Toleman Group Motorsport (1984)	Derek Warwick, Bruno Giacomelli	Ayrton Senna da Silva, Johnny Cecotto (Stefan Johansson, Pierluigi Martini)
Benetton Tyrrell Team Tyrrell Racing Organisation (1984)	Michele Alboreto, Danny Sullivan	Martin Brundle, Stefan Bellof (Stefan Johansson, Mike Thackwell)
TAG Williams Team Williams Grand Prix Engineering (1984)	Keijo Rosberg, Jacques Laffite (Dr. Jonathan Palmer)	Keijo Rosberg, Jacques Laffite

(–) gelegentlich eingesetzte Fahrer

Fahrer

Michele Alboreto, 28, geb. 23. 12. 1956 in Mailand, Italiener, 56 GP (1981–1984), 3 GP-Siege, 1984 von Tyrrell zu Ferrari

Philippe Alliot, 30, geb. 27. 7. 1954 in Voves, Franzose, 13 GP (1984), RAM

Elio de Angelis, 26, geb. 26. 3. 1958 in Rom, Italiener, 89 GP (1979–1984), 1 GP-Sieg, 1980 von Shadow zu Lotus

Rene Arnoux, 36, geb. 4. 7. 1948 in Grenoble, Franzose, 94 GP (1978–1984), 7 GP-Siege, 1983 von Renault zu Ferrari

Mauro Baldi, 30, geb. 31. 1. 1954 in Reggio Emilia, Italiener, 33 GP (1982–1984), 1984 von Euroracing-Alfa Romeo zu Spirit

Stefan Bellof, 27, geb. 20. 11. 1957 in Gießen, Deutscher, 11 GP (1984), Tyrrell

Gerhard Berger, 25, geb. 27. 8. 1959 in Wörgl, Österreicher, 4 GP (1984), ATS

Thierry Boutsen, 27, geb. 13. 7. 1957 in Brüssel, Belgier, 25 GP (1983–1984), seit 1983 bei Arrows

Martin Brundle, 25, geb. 1. 6. 1959 in London, Engländer, 7 GP (1984), Tyrrell

Johnny Cecotto, 28, geb. 25. 1. 1956 in Caracas, Venezolaner, 18 GP (1983–1984), 1984 von Theodore zu Toleman

Andrea de Cesaris, 25, geb. 31. 5. 1959 in Rom, Italiener, 61 GP (1980–1984), 1984 von Euroracing-Alfa Romeo zu Ligier

Eddie Cheever, 26, geb. 10. 1. 1958 in Phoenix/Arizona, Amerikaner, 68 GP (1978–1984), 1984 von Renault zu Euroracing-Alfa Romeo

Corrado Fabi, 23, geb. 12. 4. 1961 in Mailand, Italiener, 12 GP (1983–1984), 1984 von Osella zu Brabham

Teo Fabi, 29, geb. 9. 3. 1955 in Mailand, Italiener, 19 GP (1982 und 1984), 1984 Brabham

Jo Gartner, 30 geb. 21. 1. 1954 in Wien, Österreicher, 8 GP (1984), Osella

Piercarlo Ghinzani, 32, geb. 16. 1. 1952 in Bergamo, Italiener, 21 GP (1983–1984), seit 1983 bei Osella

Francois Hesnault, 28, geb. 30. 12. 1956 in Paris, Franzose, 15 GP (1984), Ligier

Stefan Johansson, 28, geb. 8. 9. 1956 in Vaxjo, Schwede, 12 GP (1983–1984), 1984 von Spirit zu Tyrrell und Toleman

Jacques Laffite, 41, geb. 21. 11. 1943 in Magny-Court, Franzose, 150 GP (1974–1984), 6 GP-Siege, 1983 von Talbot-Ligier zu Williams

Niki Lauda, 35, geb. 22. 2. 1949 in Wien, Österreicher, 157 GP (1971–1979, 1982–1984), 24 GP-Siege, Weltmeister 1975/77 auf Ferrari und 1984 auf McLaren, seit 1982 bei McLaren

Nigel Mansell, 30, geb. 8. 8. 1954 in Upton-on-Sea, Engländer, 59 GP (1980–1984), seit 1980 bei Lotus

Dr. Jonathan Palmer, 28, geb. 7. 11. 1956 in Handcross, Engländer, 15 GP (1983–1984), 1984 von Williams zu RAM

Riccardo Patrese, 30, geb. 17. 4. 1954 in Padua, Italiener, 111 GP (1977–1984), 2 GP-Siege, 1984 von Brabham zu Euroracing-Alfa Romeo

Nelson Piquet, 32, geb. 17. 8. 1952 in Sao Paulo, Brasilianer, 94 GP (1978–1984), 12 GP-Siege, Weltmeister 1981 und 1983 auf Brabham, seit 1978 bei Brabham

Alain Prost, 29, geb. 24. 2. 1955 in Saint-Chamond, Franzose, 73 GP (1980–1984), 16 GP-Siege, 1984 von Renault zu McLaren

Keijo Rosberg, 36, geb. 6. 12. 1948 in Stockholm, Finne, 82 GP (1978–1984), 3 GP-Siege, Weltmeister 1982 auf Williams, 1982 von Fittipaldi zu Williams

Huub Rothengatter, 30, geb. 8. 10. 1954 in Larem, Holländer, 7 GP (1984), Spirit

Ayrton Senna da Silva, 24, geb. 21. 3. 1960 in Sao Paulo, Brasilianer, 14 GP (1984), Toleman

Philippe Streiff, 29, geb. 26. 6. 1955 in Grenoble, Franzose, 1 GP (1984), Renault

Marc Surer, 33, geb. 18. 9. 1951 in Arisdorf, Schweizer, 65 GP (1979–1984), 1982 von Theodore zu Arrows

Patrick Tambay, 35, geb. 25. 6. 1949 in Cannes, Franzose, 85 GP (1977–1979, 1981–1984), 2 GP-Siege, 1984 von Ferrari zu Renault

Derek Warwick, 30, geb. 27. 8. 1954 in Alresford, Engländer, 43 GP (1981–1984), 1984 von Toleman zu Renault

Manfred Winkelhock, 32, geb. 6. 10. 1952 in Waiblingen, Deutscher, 39 GP (1982–1984), seit 1982 bei ATS

Wagen

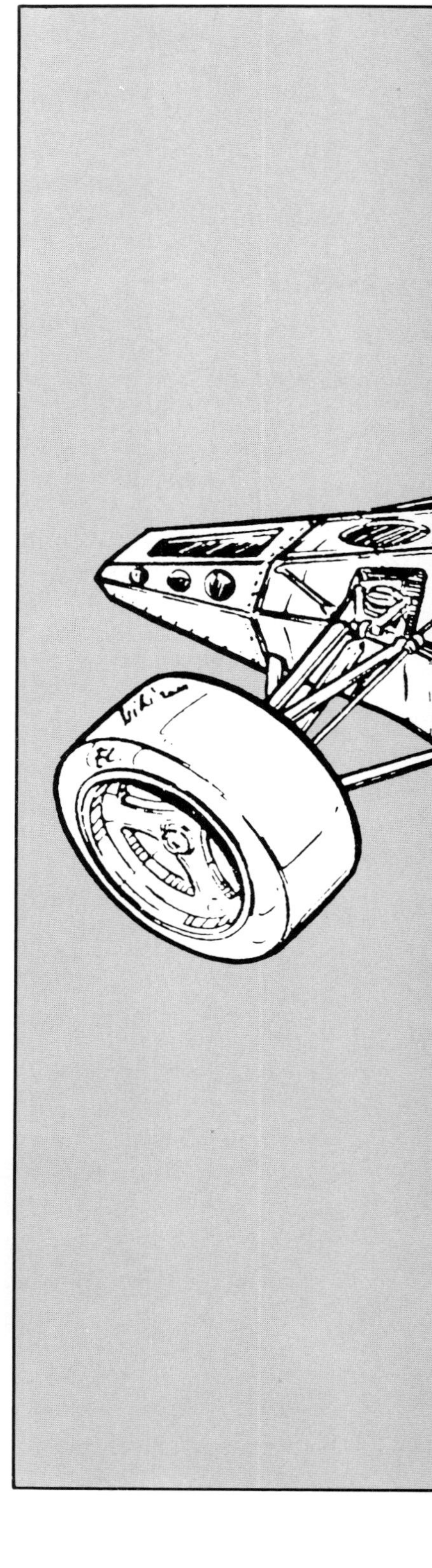

Weltmeister-Auto: Niki Lauda und Alain Prost errangen mit dem McLaren MP4/2-TAG/Porsche TTE-P01 acht Siege und vier Doppelsiege, McLaren, TAG und Porsche den Internationalen Pokal der Formel 1-Konstrukteure

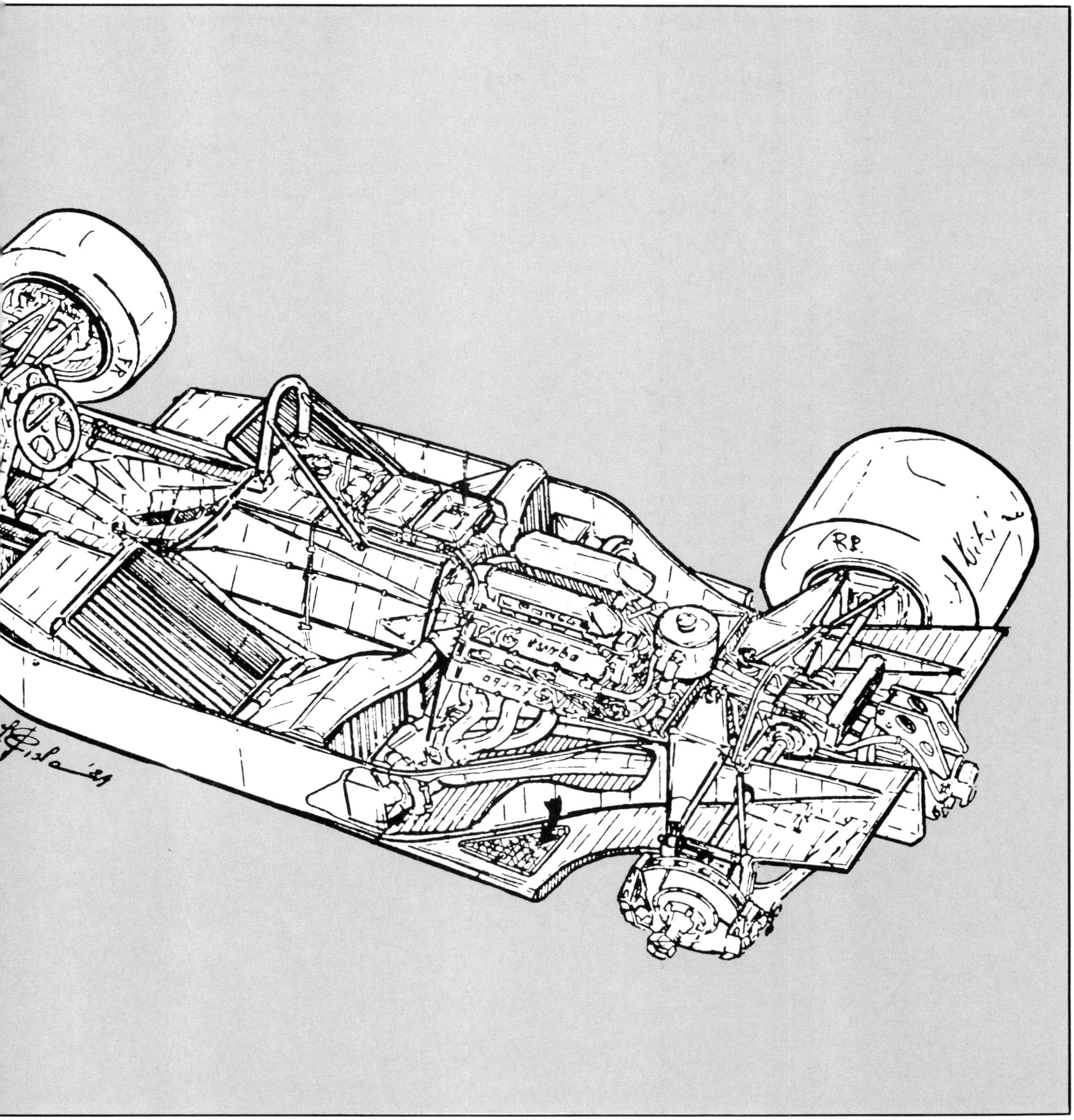
FR

Euroracing-Alfa Romeo 184 T

Alfa Romeo betrieb den Grand Prix-Sport seit 1983 nur noch inoffiziell über Euroracing in Senago-Milano. Autodelta, die Sportabteilung des Werks, versorgte den von Teammanager Gianpaolo Pavanello und Chefingenieur Luigi Marmiroli geleiteten Privatrennstall mit dem selbst nicht mehr eingesetzten Turbomotor und trat der 1983 von Marlboro mit 20 Millionen und 1984 von Benetton mit 11,5 Millionen Mark finanzierten Renngemeinschaft auch die Dienste des renommierten französischen Chassis-Designers Gerard Ducarouge ab. »Duca« entwarf für den aufgeladenen Achtzylinder ein modernes Fahrgestell mit leichter und verwindungssteifer Kohlefaserzelle, das nach seinem überraschenden Wechsel zu Lotus jedoch nicht weiterentwikkelt, sondern 1984 durch eine Marmiroli-Konstruktion ersetzt wurde. Sie folgte der von ATS-Konstrukteur Brunner eingeführten und bald von Ferrari, Ligier und Renault kopierten Kompaktbauweise, nach der die Oberfläche des tragenden Rumpfmittelteils zugleich die Außenhaut oder Karosserie bildete. Gustav Brunner übernahm nach seinem Ausscheiden bei ATS die technische Betreuung von Eddie Cheever.

Im Gegensatz zu dem äußerst handlichen und sehr gut

Alfa Romeo 184 T mit acht Zylindern und Avio-Abgasturboladern

abzustimmenden 184 T-Chassis zeichnete sich die schon im Spätherbst 1979 von Autodelta-Direktor Carlo Chiti entwickelte 1,5 Liter-Turbo-Alternative zum Dreiliter-Saugmotor vor allem durch übergroßen Durst, ständige »Explosionsgefahr« und geringes Stehvermögen ihrer Avio-Abgasturbolader aus. Für Riccardo Patrese und Eddie Cheever endeten viele Rennen entweder unter einem weißen Rauchpilz oder mit leergefahrenem Tank.

Der Alfa Romeo-V8 und das Kohlefaser-Monocoque bildeten eine tragende Einheit

Fahrgestell

Kohlefaserverstärkte Kunststoffzelle ohne zusätzliche Cockpitverkleidung, zentraler 220 l-Kraftstofftank, Motor tragend, längslaufendes Alfa Romeo/Hewland-Fünf- oder Sechsganggetriebe, push rod-Vorderradfederung, pull rod-Hinterradfederung, Radstand 2720 mm, Spurweite vorn/hinten 1810/1680 mm, Reifen vorn/hinten Goodyear 25.0×9.0-13/26.0×15.0-13, Gewicht (mit Kühlwasser, Wasser für die Motoreinspritzung und Öl, ohne Kraftstoff) 546 kg

Motor

Selbsttragender wassergekühlter Alfa Romeo-90° V8-Motor vom Typ 890 T, Leichtmetallgehäuse, fünffach gleitgelagerte Kurbelwelle, Leichtmetall-Zylinderköpfe, vier zahnradgetriebene obenliegende Nockenwellen, vier über Tassenstößel betätigte Ventile pro Zylinder, kombinierte elektronische Marelli/Weber-Kraftstoff/Wassereinspritzung und Zündung, zwei Avio-Abgasturbolader, Trockensumpfschmierung, Einbaugewicht (mit Abgasturboladern und Ladeluftkühlern) 167 kg, Bohrung × Hub 74×43,5 mm, Hubraum 1497 cm³, Verdichtung 7, Ladedruck ca. 3,5 bar, Leistung ca. 500 kW (680 PS), Nenndrehzahl 10700/min, max. Drehmoment 382 Nm bei 9800/min

Arrows A 7

Arrows Racing aus Milton Keynes, England, war eines der beiden letzten Teams, die mit Cosworth-Saugmotoren in die neue Saison gingen. Anders als der auf dem Turbomarkt nicht mehr fündig gewordene Ken Tyrrell überbrückten die Firmengründer und -besitzer Jackie Oliver und Alan Rees mit dem untermotorisierten A 6 jedoch nur die schleppende Lieferung der 16 bestellten BMW-Turbotrieblinge und setzten den ersten damit ausgerüsteten A 7 schon vom dritten Rennen an abwechselnd mit Thierry Boutsen und Marc Surer ein. Zigarettenhersteller Barclay sponserte den Bau der Wagen und teilweise auch den Kauf der Motoren (Stückpreis 156 000 Mark) mit 4,2 Millionen Mark. Die enormen Kosten, die der Kauf der BMW-Motoren und ihre Wartung – neben den Streicheleinheiten – durch den bekannten Schweizer Tuner Heini Mader verursachten, erlaubten dem Chassis-Konstrukteur keine Extravaganzen. Aber auch ohne Weltraumtechnik und exotische Materialien stellte Dave Wass ein Auto auf die Räder, das den Fahrern auf Anhieb gefiel, und wenn ihre Bilanz am Ende doch einiges zu wünschen übrigließ, so lag dies sicherlich nicht an seinen Fähigkeiten. Der bayerische Vierzylinder und sein besonders

Arrows A 7 mit BMW-Motor und KKK-Abgasturbolader

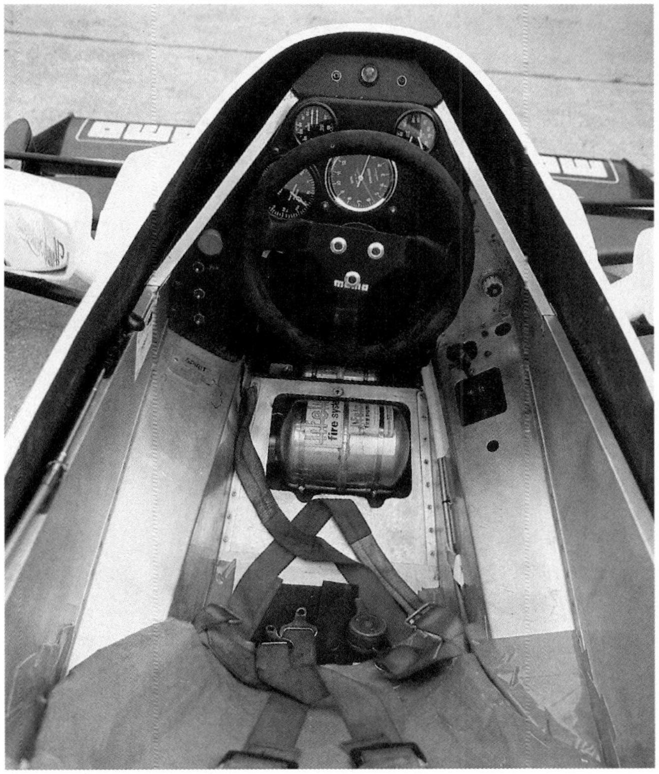

Das konventionelle Leichtmetall-Chassis bestand weitgehend aus geklebten und genieteten Aluminium-Sandwichplatten. Im Cockpit sind zwei starke Längsträger zu erkennen

störanfälliger KKK-Abgasturbolader mit zweiflutiger Turbine arbeiteten im Verbund mit der nur durch Kohlefaserpaneele verstärkten Leichtmetallzelle ebenso unzuverlässig wie im Heck der wesentlich aufwendiger gebauten ATS und Brabham.

Fahrgestell

Leichtmetallzelle in Wabenbauweise mit kohlefaserverstärkten Kunststoffpaneelen und zweiteiliger Cockpit/Motorverkleidung, zentraler 220 l-Kraftstofftank, Motor tragend, längslaufendes Hewland-Fünfganggetriebe, pull rod-Vorderradfederung, Kipphebel-Hinterradfederung, Radstand 2667 mm, Spurweite vorn/hinten 1727/1600 mm, Reifen vorn/hinten Goodyear 25.0×9.0-13/26.0×15.0-13, Gewicht (mit Kühlwasser und Öl, ohne Kraftstoff) 543 kg

Motor

Selbsttragender wassergekühlter BMW-Vierzylinder-Reihenmotor vom Typ M 12/13 Turbo, Graugußgehäuse aus der laufenden Vierzylinder-Serienproduktion, fünffach gleitgelagerte Kurbelwelle, Titanpleuel, Leichtmetall-Zylinderkopf, zwei zahnradgetriebene obenliegende Nockenwellen, vier über Tassenstößel betätigte Ventile pro Zylinder, digitale Motorelektronik mit mechanischer Bosch/Kugelfischer-Kraftstoffeinspritzung und kontaktloser Bosch-HKZ-Zündung, KKK-Abgasturbolader mit zweiflutiger Turbine, Trokkensumpfschmierung, Einbaugewicht (einschließlich Abgasturbolader und Ladeluftkühler) 170 kg, Bohrung × Hub 89,2×60 mm, Hubraum 1499 cm^3, Verdichtung 6,7, Ladedruck 3,2 bar (im Rennen), Leistung 626 kW (850 PS) im Training und 552 kW (750 PS) im Rennen*, Nenndrehzahl 10500/min, max. Drehmoment 480 Nm bei 8500/min

* Werksangabe

ATS D 7

Bevor Gustav Brunner im Winter 1983/84 den Bad Dürkheimer Felgenhersteller Günter Schmid und sein in Bicester, England, stationiertes ATS-Team in Richtung Eddie Cheever und Euroracing-Alfa Romeo verließ, zeichnete er noch den schlankeren D 6-Nachfolger für die neueste Ausgabe des BMW M 12/13-Turbomotors mit geänderter Rohrführung im Ladersystem. Der Österreicher versah auch den D 7 mit einem geschlossenen Monocoque aus kohlefaserverstärktem Kunststoff nach der von ihm selbst eingeführten Außenschalenbauweise und paßte dabei hauptsächlich das Tankvolumen der neuen Verbrauchsregel an. Die äußeren Merkmale waren eine nach Brabham-Vorbild aus der Zelle hochgezogene Pyramide anstelle des früher verwendeten Stahlrohr-Überrollbügels, flachere Seitenteile zur Aufnahme der umgruppierten Wasser-, Öl- und Ladeluftkühler sowie eine stark an McLaren angelehnte »Flaschenhals«-Verkleidung zur Verbesserung der Aerodynamik im Hinterachs- und Heckflügelbereich. Zu Beginn der europäischen Saison wurden die Spurweiten vergrößert, der Radstand durch einen 80 Millimeter-Spacer zwischen Motor und Getriebe verlängert und die zunächst für alle Räder vorgesehene

pull rod-Federung durch eine push rod-Umlenkung an der Hinterachse ersetzt.
Nach den Trainingsergebnissen und den Probeläufen im Warm-up war der D 7 kein schlechtes Auto. Im Rennen teilte Manfred Winkelhock meist das Schicksal seiner BMW-Kollegen und erzielte nicht einen Weltmeisterschaftspunkt. Ein sechster Platz gelang erst seinem Nachfolger Gerhard Berger beim Großen Preis von Italien.

Fahrgestell

Kohlefaserverstärkte Kunststoffzelle ohne zusätzliche Cockpitverkleidung, zentraler 220 l-Kraftstofftank, Motor tragend, längslaufendes ATS/Hewland-Fünfganggetriebe, pull rod-Vorderradfederung, push rod-Hinterradfederung, Radstand 2735 mm, Spurweite vorn/hinten 1795/1700 mm, Reifen vorn/hinten Pirelli 255×620-13/400×655-13, Gewicht (mit Kühlwasser und Öl, ohne Kraftstoff) 548 kg

Motor

Selbsttragender wassergekühlter BMW-Vierzylinder-Reihenmotor vom Typ M 12/13 Turbo, Graugußgehäuse aus der laufenden Vierzylinder-Serienproduktion, fünffach gleitgelagerte Kurbelwelle, Titanpleuel, Leichtmetall-Zylinderkopf, zwei zahnradgetriebene obenliegende Nockenwellen, vier über Tassenstößel betätigte Ventile pro Zylinder, digitale Motorelektronik mit mechanischer Bosch/Kugelfischer-Kraftstoffeinspritzung und kontaktloser Bosch-HKZ-Zündung, KKK-Abgasturbolader mit zweiflutiger Turbine, Trokkensumpfschmierung, Einbaugewicht (einschließlich Abgasturbolader und Ladeluftkühler) 170 kg, Bohrung × Hub 89,2×60 mm, Hubraum 1499 cm^3, Verdichtung 6,7, Ladedruck 3,2 bar (im Rennen), Leistung 626 kW (850 PS) im Training und 552 kW (750 PS) im Rennen*, Nenndrehzahl 10500/min, max. Drehmoment 480 Nm bei 8500/min

* Werksangabe

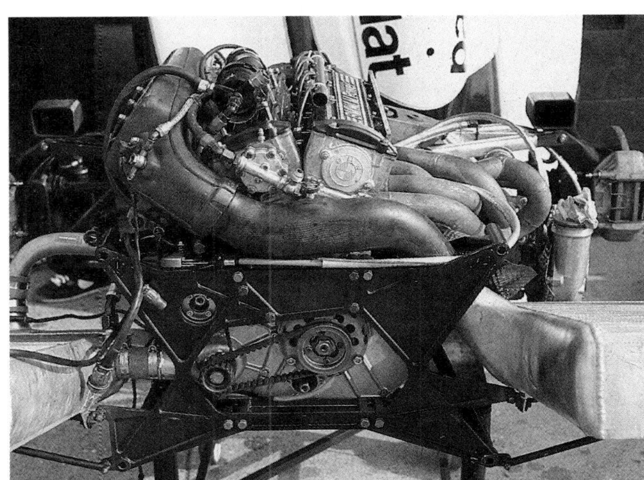

Gustav Brunner entwickelte bei ATS die erste Kohlefaserzelle in Außenschalenbauweise. Die Aufladung des BMW-Motors besorgte ein mächtiger KKK-Abgasturbolader mit zweiflutiger Turbine

Brabham BT 53

Das neue Reglement zwang auch Brabham-Designer Gordon Murray, den nur für Sprintetappen bemessenen Tankinhalt durch einen Zellenneubau in bewährter CFC (carbon-fibre-composite)-Technik von 195 auf 220 Liter zu vergrößern. Darüber hinaus verlegte der Meistermacher vom vergangenen Jahr den Anschluß des bordeigenen Vierpunkt-Pressluftwagenhebesystems zur Beschleunigung eventueller Radwechsel vom Sockel der Heckflügelstütze an eine den Mechanikern besser zugängliche Stelle am Monocoque und ersetzte die getriebenahen hinteren Stempel zum festeren Stand des aufgebockten Wagens durch kleinere Einheiten an der Hinterkante der Radträger. Die push rod-Federung, vorn mit einer interessanten Hebelumlenkung über den Fahrerbeinen und hinten geschickt zwischen den seitlich schwingenden Querlenkern plaziert, blieb jedoch ebenso erhalten wie die ausgeprägte Pfeilform des Wagens durch die vorn spitz zulaufende Cockpitverkleidung und die elegant nach hinten geschwungenen Seitenteile. Letztere nahmen statt der früher aufrechtstehenden und nach hinten gewinkelten Wasser-, Öl- und Ladeluftkühler die gleichen geneigten Aggregate wie der Arrows und der ATS auf.

Brabham BT 53 mit Kohlefaserbremsen und bordeigenem Vierpunkt-Wagenhebesystem

Die unglaubliche Häufung von Motor- und Laderschäden, die Nelson Piquet jede Chance zur erfolgreichen Titelverteidigung und den abwechselnd eingesetzten Brüdern Fabi die Möglichkeit zu höheren Punktgewinnen nahmen, führten Mitte der Saison zu einer größeren qualitativen Überarbeitung des bayerischen Vierzylinders und einer Verbesserung seines Temperaturhaushalts durch Verlegung des Ölkühlers von der rechten Cockpitseite an den Wagenbug. Der Weltmeister dankte es BMW-Konstrukteur Paul Rosche und seinen Technikern mit zwei Siegen in den beiden folgenden Rennen, vier weiteren Plazierungen in den Punkten und dem Trainingsrekord von insgesamt neun Pole-positions.

Der aufgeladene Reihenvierzylinder von BMW leistete je nach Ladedruck zwischen 750 und 850 PS

Fahrgestell

Kohlefaserverstärkte Kunststoffzelle mit einteiliger Cockpit/Motorverkleidung, zentraler 220 l-Kraftstofftank, Motor tragend, längslaufendes Brabham/Hewland-Sechsganggetriebe, push rod-Vorderrad- und Hinterradfederung, Radstand 2946 mm, Spurweite vorn/hinten 1702/1626 mm, Reifen vorn/hinten Michelin 25×63-13/40×66-13, Gewicht (mit Kühlwasser und Öl, ohne Kraftstoff) 545 kg

Motor

Selbsttragender wassergekühlter BMW-Vierzylinder-Reihenmotor vom Typ M 12/13 Turbo, Graugußgehäuse aus der laufenden Vierzylinder-Serienproduktion, fünffach gleitgelagerte Kurbelwelle, Titanpleuel, Leichtmetall-Zylinderkopf, zwei zahnradgetriebene obenliegende Nockenwellen, vier über Tassenstößel betätigte Ventile pro Zylinder, digitale Motorelektronik mit mechanischer Bosch/Kugelfischer-Kraftstoffeinspritzung und kontaktloser Bosch-HKZ-Zündung, KKK-Abgasturbolader mit zweiflutiger Turbine, Trockensumpfschmierung, Einbaugewicht (einschließlich Abgasturbolader und Ladeluftkühler) 170 kg, Bohrung × Hub 89,2×60 mm, Hubraum 1499 cm^3, Verdichtung 6,7, Ladedruck 3,2 bar (im Rennen), Leistung 626 kW (850 PS) im Training und 552 kW (750 PS) im Rennen*, Nenndrehzahl 10500/min, max. Drehmoment 480 Nm bei 8500/min

* Werksangabe

Ferrari 126 C4

Jahrzehntelang kamen bei Ferrari immer zuerst die Motoren, dann die Fahrgestelle. Die Triebwerke waren Kunstwerke und die Fahrwerke meist so, daß sie die zur Schau gestellten Motoren mehr schlecht als recht über die damals noch sehr langen und sehr vielen Runden brachten. Dies änderte sich erst, als die ganz dem Motorenbau verschriebenen Ingenieure um den heute 86jährigen Firmengründer Enzo Ferrari und Entwicklungschef Mauro Forghieri auf dem Höhepunkt der wing car-Ära den britischen Chassis-Spezialisten und früheren Hesketh-, Wolf- und Fittipaldi-Konstrukteur Dr. Harvey Postlethwaite in ihren elitären Kreis aufnahmen und ihm bei der Verwirklichung seiner Ideen freie Hand ließen. Plötzlich harmonierten die Triebwerke mit den Fahrwerken und die in Maranello bei Modena beheimatete Sefac Automobili Ferrari S. p. A. konnte sich über die kaum jemals zu geringe Leistung ihrer Motoren hinaus mit dem Gegner messen.
Doch während dem »Dottore inglese« auch mit seinem dritten C-Chassis für Ferrari, dem entsprechend der abgesenkten Kurbelwellenachse tiefergelegten und im Tankvolumen von 250 auf 220 Liter reduzierten 126 C4 ein guter Wurf gelang, brachten seine italienischen

Das Ferrari-Außenschalen-Monocoque in Kohlefaserbauweise stammte aus England. Im Cockpit ist das »Dampfrad« zur Regulierung des Ladedrucks, an der Hinterachse das pull rod-Federungssystem zu erkennen

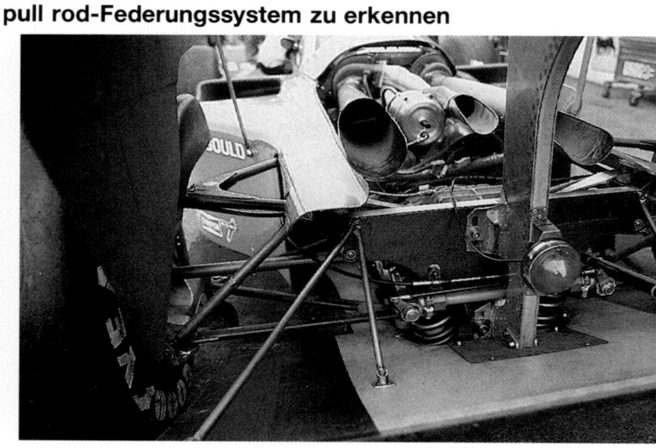

Kollegen ihren Motor unter der neuen Verbrauchsformel zum erstenmal nicht auf eine überdurchschnittliche Leistung. Anfangs beklagten Michele Alboreto und Rene Arnoux verschenkte Plazierungen und viele Ausfälle durch Kraftstoffmangel und mechanisches Versagen, später bremste sie ein zur sicheren Seite tendierender Kompromiß zwischen Kraft, Verbrauch und Stehvermögen.

Fahrgestell

Kohlefaserverstärkte Kunststoffzelle ohne zusätzliche Cockpitverkleidung, zentraler 220 l-Kraftstofftank, 25 l-Wassertank für Motoreinspritzung (als Fahrersitz ausgebildet), Motor tragend, querlaufendes Ferrari-Fünfganggetriebe, pull rod-Vorderrad- und Hinterradfederung, Radstand 2743 mm, Spurweite vorn/hinten 1816/1664 mm, Reifen vorn/hinten Goodyear 25.0×9.0-13/26.0×15.0-13, Gewicht (mit Kühlwasser, Wasser für die Motoreinspritzung und Öl, ohne Kraftstoff) 542 kg

Motor

Selbsttragender wassergekühlter Ferrari-120° V6-Motor vom Typ 126 C, neues flacheres und leichteres Leichtmetallgehäuse mit abgesenkter Kurbelwellenachse, vierfach gleitgelagerte Kurbelwelle, »Testa Rossa«-Leichtmetall-Zylinderköpfe, vier zahnradgetriebene obenliegende Nockenwellen, vier über Tassenstößel betätigte Ventile pro Zylinder, wahlweise mechanische Lucas- oder elektronische Marelli/Weber-Kraftstoffeinspritzung, Wassereinspritzung über Agip-Emulgator, zwei KKK-Abgasturbolader, wahlweise »siamesische« oder von jedem der zwölf Auslaßkanäle getrennt geführte Auspuffrohre, elektronische Marelli-Zündung, Trockensumpfschmierung, Einbaugewicht (mit Abgasturboladern und Ladeluftkühlern) 162 kg, Bohrung × Hub 81×48,4 mm, Hubraum 1496 cm^3, Verdichtung ca. 7, Ladedruck ca. 3,5 bar, Leistung ca. 550–590 kW (750–800 PS), Nenndrehzahl 11600/min

Das Ladersystem des Ferrari-»Weitwinkelmotors« arbeitete wahlweise mit »siamesischen« (ganz oben) oder getrennt geführten Auspuffrohren (oben)

Ligier JS 23

Guy Ligier feierte seine Siege bereits vor der Saison. Durch Vermittlung des französischen Staatspräsidenten Francois Mitterrand, dessen Chauffeur er einmal gewesen sein soll, gewann der frühere Bauunternehmer, Hobby-Rennfahrer und langjährige Rennstallbesitzer die staatliche Lotto- und Totogesellschaft LOTO als Sponsor und den staatlichen Automobilkonzern Renault als Motorenlieferant. Seine späteren Erfolge beschränkten sich auf fünfte bis zehnte Plätze, die Francois Hesnault und Andrea de Cesaris für ihn herausfuhren, wenn sie nicht gerade aus eigenem Verschulden oder mit technischen Defekten auf der Strecke blieben, und die damit verbundenen drei Wertungspunkte im Pokalwettbewerb der Konstrukteure.
Beim Umstieg vom alten Cosworth-Motor auf die neueste Renault-Turbine trennte sich die Equipe LOTO-Ligier als eine der letzten auch von der nun schon klassischen Chassis-Leichtmetallbauweise. Unter Leitung von Chefingenieur Michel Beaujon entwarfen Herve Guilpin (verantwortlich für Hesnault) und Claude Galopin (Betreuer von de Cesaris) ein modernes Außenschalen-Monocoque für die Herstellung aus kohlefaserverstärktem Epoxidharz und sahen anstelle

Renault-V6 mit Garrett-Abgasturboladern

des seither bevorzugten hydropneumatischen Citroen-Federungssystems eine während der Saison mehrfach geänderte pull rod-Federung vor. Wie Renault selbst und Lotus setzte auch Ligier den nur vom Werk gewarteten französischen Sechszylinder abwechselnd mit deutschen KKK- und amerikanischen Garrett-Abgasturboladern ein.

Fahrgestell

Kohlefaserverstärkte Kunststoffzelle ohne zusätzliche Cockpitverkleidung, zentraler 220 l-Kraftstofftank, Motor tragend, längslaufendes Hewland-Fünfganggetriebe, pull rod-Vorderrad- und Hinterradfederung, Radstand 2810 mm, Spurweite vorn/hinten 1800/1652 mm, Reifen vorn/hinten Michelin 25×63-13/40×66-13, Gewicht (mit Kühlwasser und Öl, ohne Kraftstoff) 580 kg

Ligier wechselte von Cosworth zu Renault und baute für den französischen Turbo ein modernes Kohlefaser-Chassis

Motor

Selbsttragender wassergekühlter Renault-90° V6-Motor vom Typ EF 4, Leichtmetallgehäuse, vierfach gleitgelagerte Kurbelwelle, Leichtmetall-Zylinderköpfe, vier zahnriemengetriebene obenliegende Nockenwellen, vier über Tassenstößel betätigte Ventile pro Zylinder, elektronisch gesteuerte Bosch/Kugelfischer-Kraftstoffeinspritzung, wahlweise zwei KKK- oder Garrett-Abgasturbolader, elektronische Marelli-Zündung, Trockensumpfschmierung, Einbaugewicht (mit Abgasturboladern und Ladeluftkühlern) 160 kg, Bohrung × Hub 86×42,8 mm, Hubraum 1491 cm^3, Verdichtung 7,5, Ladedruck ca. 3,5 bar, Leistung 486–552 kW (660–750 PS)*, Nenndrehzahl 11000/min, max. Drehmoment 480 Nm bei 8500/min

* Werksangabe

Lotus 95 T

Als Lotus-Geschäftsführer und Rennleiter Peter Warr seinen Kollegen von Euroracing-Alfa Romeo Gerard Ducarouge aus- und für sich selbst einspannte, handelte er in höchster Not. Fünf Jahre nach der sechsten und vorläufig letzten Weltmeisterschaft durch Mario Andretti ging es mit dem traditionsreichen britischen Rennstall immer noch steil bergab, und wenn der schwer angeschlagene wing car-Vorreiter und Pionier der Kohlefasertechnik seinen auch für die Serienproduktion exklusiver Sportwagen lebensnotwendigen Sponsor John Player halten wollte, mußte schnellstens etwas geschehen. Fünf Wochen nach seinem Wechsel – und gerade noch rechtzeitig zum Großen Preis von England – präsentierte der neue technische Direktor den John Player Special Mk 94 T und weckte erste Hoffnungen. Elio de Angelis und Nigel Mansell erzielten damit elf ihrer zusammen zwölf Weltmeisterschaftspunkte.

Viel mehr als eine Übergangslösung konnte der eher improvisierte denn konstruierte 94er allerdings nicht sein, und so machte sich Ducarouge noch 1983 an den Bau des Mk 95 T. Das Rollout im Dezember wurde zur Vorstellung eines Wagens, der nach den Worten seines

Konstrukteurs zwar »sicherlich nicht radikal in irgendeiner Weise«, aber ein wirklich passendes Gegenstück zum neuen Renault-V6 mit enger gefaßter Turboanlage war. Ohne die erdrückende Überlegenheit von McLaren hätte das gleiche Fahrerteam mit den Ferrari-Piloten um die Weltmeisterschaft gekämpft.

Lotus bestritt die zweite Saison mit Renault-Turbomotoren und setzte ihre Leistung auch aerodynamisch gut um

Fahrgestell

Kohlefaserverstärkte Kevlar/Nomex-Zelle in Wabenbauweise, einteilige Cockpitverkleidung, zentraler 220 l-Kraftstofftank, Motor tragend, längslaufendes Lotus/Hewland-Fünfganggetriebe, pull rod-Vorderrad- und Hinterradfederung, Radstand 2775 mm, Spurweite vorn/hinten 1800/1700 mm, Reifen vorn/hinten Goodyear 25.0×9.0-13/26.0×15.0-13, Gewicht (mit Kühlwasser und Öl, ohne Kraftstoff) 540 kg

Motor

Selbsttragender wassergekühlter Renault-90° V6-Motor vom Typ EF 4, Leichtmetallgehäuse, vierfach gleitgelagerte Kurbelwelle, Leichtmetall-Zylinderköpfe, vier zahnriemengetriebene obenliegende Nockenwellen, vier über Tassenstößel betätigte Ventile pro Zylinder, elektronisch gesteuerte Bosch/Kugelfischer-Kraftstoffeinspritzung, wahlweise zwei KKK- oder Garrett-Abgasturbolader, elektronische Marelli-Zündung, Trokkensumpfschmierung, Einbaugewicht (mit Abgasturboladern und Ladeluftkühlern) 160 kg, Bohrung × Hub 86×42,8 mm, Hubraum 1491 cm^3, Verdichtung 7,5, Ladedruck ca. 3,5 bar, Leistung 486–552 kW (660–750 PS) *, Nenndrehzahl 11 000/min, max. Drehmoment 480 Nm bei 8500/min

* Werksangabe

McLaren MP4/2

Ron Dennis, ein zum Rennstallbesitzer aufgestiegener Rennmonteur und Erbe der McLaren-MP4-Baureihe in der damals revolutionären Kohlefaserbauweise, hatte von der Bewährung im Turbo-Zeitalter eigene Vorstellungen. Nicht der Erwerb eines der mittlerweile zum Kauf angebotenen Aggregate versprach ihm den ganz großen Erfolg, sondern ein eigenes Motorenprojekt, das genau so ehrgeizig wie die Fahrgestellentwicklung durchgezogen wurde. Also begab er sich auf die Suche nach einem speziellen Geldgeber für das Triebwerk, da ihm Marlboro schon das Fahrwerk finanzierte, und nach dem besten Motorenhersteller, den er finden konnte. Im Oktober 1981 stieg die arabische TAG (Techniques d'Avant Garde) mit angeblich 20 Millionen Mark bei ihm ein, gründete mit der an Konstruktion und Bau interessierten Dr. Ing. h. c. F. Porsche AG in Zuffenhausen bei Stuttgart die Firma TAG Turbo Engines und sicherte ihm die ausschließliche Verwendung des sofort in Auftrag gegebenen Motors für wenigstens zwei Jahre zu.

Wie recht und wieviel Glück der weitsichtige Brite vor allem mit der Wahl des Motorenherstellers hatte, zeigte sich schon in den nur 14 Monaten bis zum ersten

Prüfstandslauf und im ersten schadlos überstandenen Renneinsatz am 28. August 1983 beim Großen Preis der Niederlande. Über Winter entwickelten die Porsche-Techniker um Chefingenieur Hans Mezger und McLaren-Designer John Barnard den MP4/2 dann zu einem Auto, dem die Konkurrenz in der Summe aus Leistung, Verbrauch, Zuverlässigkeit und Fahreigenschaften nichts Vergleichbares entgegenzusetzen hatte. Weltmeister Niki Lauda und Alain Prost gewannen zwölf Rennen und feierten vier Doppelsiege.

John Barnard und Hans Mezger entwickelten den McLaren MP4/2 mit TAG/Porsche-Turbomotor zu einem konkurrenzlosen Auto

Fahrgestell

Kohlefaserverstärke Kunststoffzelle mit einteiliger Cockpit- und »Flaschenhals«-Motorverkleidung, zentraler 220 l-Kraftstofftank, Motor tragend, längslaufendes McLaren/Hewland-Fünfganggetriebe, push rod-Vorderradfederung, Kipphebel-Hinterradfederung, Radstand 2794 mm, Spurweite vorn/hinten 1803/1651 mm, Reifen vorn/hinten Michelin 25×63-13/40×66-13, Gewicht (mit Kühlwasser und Öl, ohne Kraftstoff) 540 kg

Motor

Selbsttragender wassergekühlter TAG/Porsche-80° V6-Motor vom Typ TTE-P01, Leichtmetallgehäuse, fünffach gleitgelagerte Kurbelwelle, Titanpleuel, Leichtmetall-Zylinderköpfe, vier zahnradgetriebene obenliegende Nockenwellen, vier über Tassenstößel betätigte Ventile pro Zylinder, digitale Motorelektronik mit mechanischer Bosch/Kugelfischer-Kraftstoffeinspritzung und kontaktloser Bosch-HKZ-Zündung, zwei KKK-Abgasturbolader, Trockensumpfschmierung, Einbaugewicht (mit Abgasturboladern und Ladeluftkühlern) 150 kg, Bohrung × Hub 82×47,3 mm, Hubraum 1498 cm^3, Verdichtung 7,5, Ladedruck ca. 3,5 bar, Leistung ca. 590 kW (800 PS), Nenndrehzahl 11000/min

Osella FA 1 F

Für Vincenzo Osella war der Rennsport mehr eine Passion als ein Geschäft. Schon die Vielzahl der aufgemalten und nachträglich aufgeklebten Sponsoren auf den himmelblauen Rennern des baumlangen und spindeldürren Italieners – Kelemata, Milde Sorte, Agip, Brembo, Carvico, Champion, Ferodo, Fondmetal, Ipra, Retex, Sol, Victor etc. – verriet, wie es um seine kleine Squadra Corse stand, und auch die vorläufige Verpflichtung nur eines Fahrers deutete auf gewisse Mängel in der wirtschaftlichen Substanz. Dennoch genoß er weiterhin die Unterstützung von Alfa Romeo, wo er Saug- und Turbomotoren sowie ausrangierte Fahrgestelle erhielt.

Osella startete mit einem umgespritzten 83er Alfa Romeo 183 T-Turbo in die neue Saison und nannte ihn nach dem letztjährigen Eigenbau auf Alfa Romeo-V12-Saugerbasis irreführend FA 1 E. Nach der Zerstörung dieses Wagens in Kyalami übernahm Stammfahrer Piercarlo Ghinzani den vom Teamchef selbst gezeichneten FA 1 F-Turbo, während der spätere Zweitfahrer Jo Gartner in Imola erst einmal mit der FA 1 E-Originalkonstruktion des inzwischen ausgeschiedenen Tony Southgate üben mußte. Der FA 1 F hatte eine bei der

Osella FA 1 F mit Kohlefaserzelle, push rod-Federung und Marelli-Raceplex-Motorelektronik

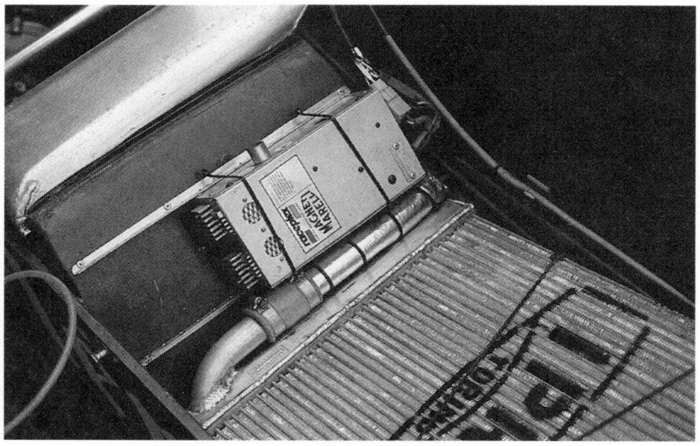

auch für Renault und Ligier tätigen Composite Material Aeronautic in Turin hergestellte CFC-Zelle mit zusätzlichem Wassertank für die Motor-Wassereinspritzung und Spritzkühlung der Ladeluftkühler, einen nichtmetallischen Vorderachsträger, eine besonders leichte Kevlar-Karosse, eine Titan-Auspuffanlage und mehrfach geänderte 183 T-Radaufhängungen.

Im Osella-Heck arbeitete der Alfa Romeo-Turbo vom Typ 890 T

Fahrgestell

Kohlefaserverstärkte Kunststoffzelle mit einteiliger Cockpit/Motorverkleidung, kombinierter zentraler 220/40 l-Kraftstoff/Wassertank, Motor tragend, längslaufendes Hewland-Fünfganggetriebe, push rod-Vorderrad- und Hinterradfederung, Radstand 2830 mm, Spurweite vorn/hinten 1750/1600 mm, Reifen vorn/hinten Pirelli 255×620-13/390×655-13, Gewicht (mit Kühlwasser, Wasser für die Motoreinspritzung und Öl, ohne Kraftstoff) 557 kg

Motor

Selbsttragender wassergekühlter Alfa Romeo-90° V8-Motor vom Typ 890 T, Leichtmetallgehäuse, fünffach gleitgelagerte Kurbelwelle, Leichtmetall-Zylinderköpfe, vier zahnradgetriebene obenliegende Nockenwellen, vier über Tassenstößel betätigte Ventile pro Zylinder, kombinierte elektronische Marelli/Weber-Kraftstoff/Wassereinspritzung und Zündung, zwei Avio-Abgasturbolader, Trockensumpfschmierung, Einbaugewicht (mit Abgasturboladern und Ladeluftkühlern) 167 kg, Bohrung × Hub 74×43,5 mm, Hubraum 1497 cm^3, Verdichtung 7, Ladedruck ca. 3,5 bar, Leistung ca. 500 kW (680 PS), Nenndrehzahl 10700/min, max. Drehmoment 382 Nm bei 9800/min

Auf dem Weg zur dritten Weltmeisterschaft

Farbseiten: Niki Lauda und Alain Prost, das Erfolgsteam des Jahres (33), Fahrerportraits (34/35), Start frei für Pole-Jäger Nelson Piquet (36/37), Pferdezucht in Weissach (38/39)

parmalat
Racing
S.A.I.M.A
BOSS
MEN'S FASHION
Marlboro
Marlboro
McLAREN INTERNATIONAL
Marlboro

Nelson Piquet
Elio de Angelis
Ayrton Senna da Silva

Teo Fabi
Nigel Mansell
Riccardo Patrese

Stefan Bellof
Manfred Winkelhock
Piercarlo Ghinzani

Jacques Laffite
Patrick Tambay
Jo Gartner

Keijo Rosberg
Derek Warwick
Francois Hesnault

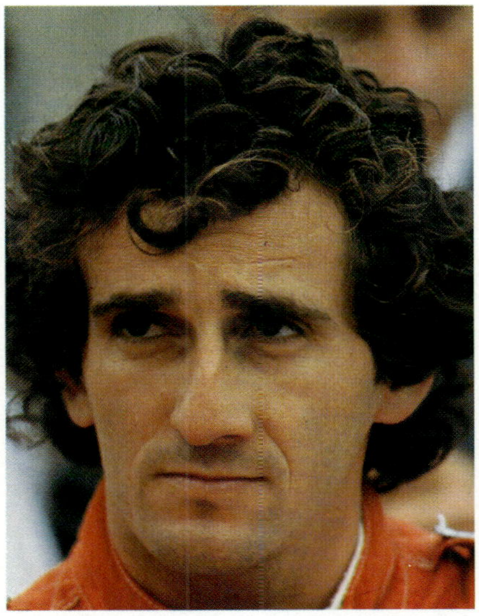

Alain Prost
Marc Surer
Andrea de Cesaris

Niki Lauda
Thierry Boutsen
Michele Alboreto

Dr. Jonathan Palmer
Mauro Baldi
Rene Arnoux

FINA
PIRELLI
parmalat
parmalat
parmalat
parmalat
parmalat
Santal
MICHELIN

olivetti
PONTEGGI DALMINE
ESSO ESSO ESSO
Castrol
parmalat
Santal
MICHELIN

TAG turbo
Techniques d'

nt Garde

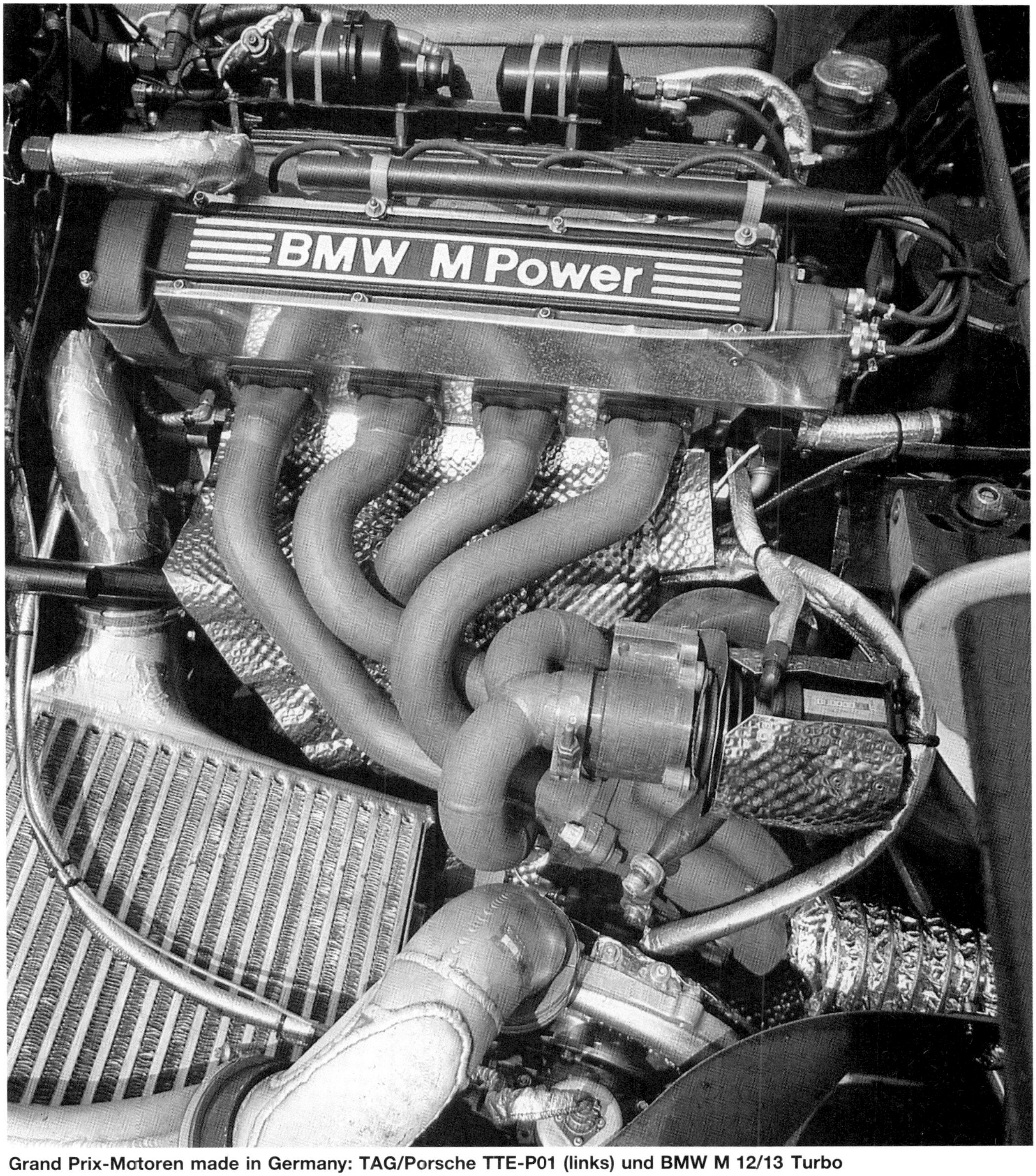

Grand Prix-Motoren made in Germany: TAG/Porsche TTE-P01 (links) und BMW M 12/13 Turbo

RAM 02

Vergangenes Jahr hießen die RAM noch RAM-March und stellten eine Koproduktion der mit den Initialen ihrer Gründer Mick Ralph und John Macdonald (Ralph And Macdonald) ausgewiesenen RAM Automotive Ltd. und der von Max Mosley geleiteten March Engineering Ltd. dar. Nach der Trennung der beiden in Bicester, England, registrierten Firmen führte RAM die vorher gemeinsamen Formel 1-Aktivitäten mit dem neuen Hauptsponsor Skoal Bandit allein weiter, wobei Macdonald als Teammanager und Ralph als sein Assistent fungierten. Für das Konstruktionsbüro zeichnete nach wie vor Dave Kelly und für die mit bemerkenswertem Aufwand betriebene Werkstatt Chefmechaniker Ray Boultel verantwortlich.

Die Reorganisation des Teams und die gleichzeitige Umstellung des Wagenparks von den seither verwendeten Cosworth-Motoren auf Hart-Turbos verzögerte die Herstellung der neuen Kohlefaser-Monocoques, so daß Dr. Jonathan Palmer die ersten Rennen noch mit einem Hybriden aus dem 83er Fahrgestell 01 mit Leichtmetallzelle und Turbomotor bestreiten mußte. Nach den Resultaten – ein neunter Platz und ein Ausfall (Lichtmaschine) gegenüber zwei Ausfällen (Laderschä-

RAM 02 mit Kohlefaser/Leichtmetallzelle, angesetztem Stahlrohrrahmen und pull rod-Federung

Hart-Leichtmetallmotor mit »Monobloc« und Holset-Abgasturbolader

den) – war er damit jedoch keineswegs schlechter bedient als Philippe Alliot. Der 84er Typ 02 hatte ein vollverkleidetes CFC-Chassis mit Aluminium-Honeycomb-Unterzug, einen aus dem Vollen gefrästen Leichtmetallträger für den im Rahmenverbund nicht belastbaren Hart-Motor, einen Stahlrohrrahmen für die Hinterachse und 01-ähnliche Zugstangenfederungen für alle vier Räder.

Fahrgestell

Kohlefaserverstärkte Kunststoffzelle mit Leichtmetallunterzug und einteiliger Cockpit/Motorverkleidung, zentraler 220 l-Kraftstofftank, Leichtmetallträger und Stahlrohrrahmen für Motor, Getriebe und Hinterachse, längslaufendes RAM/Hewland-Sechsganggetriebe, pull rod-Vorderrad- und Hinterradfederung, Radstand 2769 mm, Spurweite vorn/hinten 1753/1607 mm, Reifen vorn/hinten Pirelli 255×620-13/400×655-13, Gewicht (mit Kühlwasser und Öl, ohne Kraftstoff) 550 kg

Motor

Wassergekühlter Hart-Vierzylinder-Reihenmotor vom Typ 415 T, einteilig gegossener »Monobloc«-Leichtmetall-Zylinderkopf und -block, fünffach gleitgelagerte Kurbelwelle, Titanpleuel, zwei zahnriemengetriebene obenliegende Nockenwellen, vier über Tassenstößel betätigte Ventile pro Zylinder, mechanische Lucas-Kraftstoffeinspritzung, Holset-Abgasturbolader, elektronische Marelli-Zündung, Trockensumpfschmierung, Einbaugewicht (einschließlich Abgasturbolader und Ladeluftkühler) 140 kg, Bohrung × Hub 88×61,5 mm, Hubraum 1459 cm^3, Verdichtung 7,1, Ladedruck 3,2 bar, Leistung 478 kW (650 PS) *, Nenndrehzahl 10500/min

* Werksangabe

Renault RE 50

Renault, der große Verlierer des vergangenen Jahres, bereitete sich nicht nur mit zwei neuen Fahrern – Patrick Tambay und Derek Warwick – und einem komplett neuen Auto auf die kommende Saison vor. Auch organisatorisch rückte die in Viry Chatillon ansässige Sportabteilung näher an das Billancourter Stammwerk heran, so daß Sportdirektor Gerard Larrousse und Rennleiter Jean Sage nun über mehr Personal, zusätzliche Räumlichkeiten und bessere Einrichtungen verfügten. Im früheren Gordini-Werk Viry konstruierte, assemblierte und »evoltierte« jetzt nur noch Bernard Dudot die Motoren, während der Fahrgestellbau unter Leitung von Michel Tetu und die Rallye-Division nach Antony verlegt wurden.

Aber auch im siebten Jahr des von ihm selbst eingeleiteten Formel 1-Turbozeitalters scheiterte der mächtige französische Automobilkonzern an der Technik. Viel zu oft blieben Tambay und Warwick aus Kraftstoffmangel oder mit Motor-, Lader-, Getriebe- und sonstigen Schäden auf der Strecke, und als die Motorenleute den Verbrauch und die Anfälligkeit endlich senkten, fiel damit auch die Leistung auf eher durchschnittliche Werte. Am Ende sprangen für Renault wieder nur ein

Renault ersetzte im RE 50 den »Graugußmotor« EF 1 durch den um 100 PS stärkeren und 20 kg leichteren Leichtmetallmotor EF 4. Die »underwing« (unten) war Teil einer einteiligen Bodenverkleidung

sechster und zehnter Platz in der Weltmeisterschaft und der vierte Platz im Wettbewerb der Konstrukteure heraus.

Die technischen Finessen, die den RE 50 nun doch nicht ausreichend vom RE 40 abhoben, waren eine kohlefaserverstärkte Kunststoffzelle mit Leichtmetall-Wabenkern nach der karosseriefreien ATS-Bauweise, neue pull rod-Federungen an beiden Achsen, ein modifiziertes und FISA-legalisiertes Auspuffsystem, dessen Austritt unter dem aufwärtsgeschwungenen Wagenboden den abfließenden Luftstrom zur Erhöhung des Unterdrucks beschleunigen sollte, ein neues und schon 1983 versuchsweise eingesetztes Leichtmetall-Motorgehäuse anstelle des alten Graugußblocks, ein abgesenkter Motorschwerpunkt durch eine tiefere Lage der Kurbelwelle und neue Zylinderköpfe mit optimierter Brennraumform und Kanalführung.

Fahrgestell

Kohlefaserverstärkte Kunststoffzelle ohne zusätzliche Cockpitverkleidung, zentraler 220 l-Kraftstofftank, Motor tragend, längslaufendes Renault/Hewland-Fünfganggetriebe, pull rod-Vorderrad- und Hinterradfederung, Radstand 2680 mm, Spurweite vorn/hinten 1802/1670 mm, Reifen vorn/hinten Michelin 25×63-13/40×66-13, Gewicht (mit Kühlwasser und Öl, ohne Kraftstoff) 540 kg

Motor

Selbsttragender wassergekühlter Renault-90° V6-Motor vom Typ EF 4, Leichtmetallgehäuse, vierfach gleitgelagerte Kurbelwelle, Leichtmetall-Zylinderköpfe, vier zahnriemengetriebene obenliegende Nockenwellen, vier über Tassenstößel betätigte Ventile pro Zylinder, elektronisch gesteuerte Bosch/Kugelfischer-Kraftstoffeinspritzung, wahlweise zwei KKK- oder Garrett-Abgasturbolader, elektronische Marelli-Zündung, Trockensumpfschmierung, Einbaugewicht (mit Abgasturboladern und Ladeluftkühlern) 160 kg, Bohrung × Hub 86×42,8 mm, Hubraum 1491 cm^3, Verdichtung 7,5, Ladedruck ca. 3,5 bar, Leistung 486–552 kW (660–750 PS) *, Nenndrehzahl 11000/min, max. Drehmoment 480 Nm bei 8500/min

* Werksangabe

Spirit 101 B

Die kleine, unbedeutende und auch technisch nicht besonders qualifizierte Spirit Racing Ltd. in Slough, England, konnte den Automobil- und Zweiradgiganten Honda als Motorenlieferant nicht halten. Nach einer Saison, die für die Japaner sicherlich nicht mehr als ein allererstes Lehrjahr nach 14jähriger Formel 1-Abstinenz war, fanden sich Teamchef John Wickham und Konstrukteur Gordon Coppuck plötzlich wieder auf der Suche nach einem Triebwerk und fanden es wie RAM und Toleman schließlich bei ihrem Landsmann Brian Hart. Ein wirklich konkurrenzfähiges Auto kam unter diesen Umständen allerdings nicht zustande.

Obwohl das Team den Spirit-Hart anders als den Spirit-Honda bezeichnete, verwendete es für den Prototyp mit der Fahrgestellnummer eins noch die Überreste der letztjährigen Produktion und orientierte auch den 101 B-2 weitgehend am 201 C mit dem japanischen Sechszylinder. Die wesentlichen Unterschiede bestanden in einem größeren Tankvolumen, einem gegossenen Magnesiumträger für den nichttragenden britischen Vierzylinder und einem Stahlrohr-Hilfsrahmen für die Hinterachse. Neben den Triebwerkshalterungen und Aufhängungen für Nebenaggregate beinhaltete der

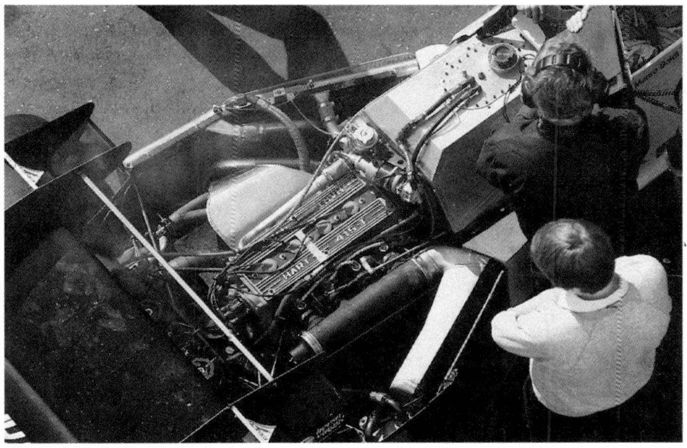

Motorträger auch eine rohrfreie Verbindung zwischen dem vorn sitzenden Ladeluftkühler und dem direkt dahinter plazierten Holset-Abgasturbolader. Die beiden 101 B wurden in je acht Rennen – oder mitunter auch nur in den vorausgegangenen Trainingsläufen – unter Mauro Baldi und Huub Rothengatter eingesetzt.

Fahrgestell

Leichtmetallzelle mit Stahlrohrrahmen für den nichttragenden Motor, das längslaufende Hewland-Fünfganggetriebe und die Hinterachse, zentraler 220 l-Kraftstofftank, zweiteilige Cockpit/Motorverkleidung, Kipphebel-Vorderrad- und Hinterradfederung, Radstand 2730 mm, Spurweite vorn/hinten 1829/1626 mm, Reifen vorn/hinten Pirelli 255×620-13/400×655-13, Gewicht (mit Kühlwasser und Öl, ohne Kraftstoff) 550 kg

Spirit 101 B mit Leichtmetallzelle, angesetztem Stahlrohrrahmen, Kipphebel-Federung und Hart-Turbomotor

Motor

Wassergekühlter Hart-Vierzylinder-Reihenmotor vom Typ 415 T, einteilig gegossener »Monobloc«-Leichtmetall-Zylinderkopf und -block, fünffach gleitgelagerte Kurbelwelle, Titanpleuel, zwei zahnriemengetriebene obenliegende Nockenwellen, vier über Tassenstößel betätigte Ventile pro Zylinder, mechanische Lucas-Kraftstoffeinspritzung, Holset-Abgasturbolader, elektronische Marelli-Zündung, Trockensumpfschmierung, Einbaugewicht (einschließlich Abgasturbolader und Ladeluftkühler) 140 kg, Bohrung × Hub 88×61,5 mm, Hubraum 1459 cm^3, Verdichtung 7,1, Ladedruck 3,2 bar, Leistung 478 kW (650 PS) *, Nenndrehzahl 10500/min

* Werksangabe

Toleman TG 184

Toleman war schon immer für eine Überraschung gut. Vor drei Jahren stieg der Rennstall des britischen Automobilimporteurs und Transportunternehmers mit dem Hart-Turbo gleich ins harte Turbogeschäft ein. 1982 tauchte Derek Warwick, den Ted Toleman und Teammanager Alex Hawkridge in der Formel 2 entdeckten, mit dem bis dahin belächelten TG 181 beim Großen Preis von England an zweiter Stelle auf und vergangenes Jahr alarmierten Rekordrunden der ersten Toleman-Kohlefaserkonstruktion TG 183 beim Wintertraining in Le Castellet und Rio de Janeiro die Konkurrenz. Dieses Jahr nun erzwang die kleine engagierte Renngemeinschaft in San Marino durch Streik ihre Entlassung aus dem dreijährigen Pirelli-Reifenvertrag und präsentierte in Dijon den TG 184, mit dem Ayrton Senna da Silva zum besten Nachwuchsfahrer des Jahres avancierte.

»Das Auto ist phantastisch«, begeisterten sich der junge Brasilianer und sein venezolanischer Copilot Johnny Cecotto schon bei den Probefahrten, und ein zweiter, siebter und neunter Platz in Monte Carlo und Montreal bestätigten es. Der TG 184 unterschied sich von seinem Vorgänger hauptsächlich durch die völlig

Toleman TG 184 mit Kohlefaser-Monocoque, angesetztem Stahlrohrrahmen, Zugstangen-Vorderradfederung und Schubstangen-Hinterradfederung

neue aerodynamische Gestaltung der Rumpf- und Seitenverkleidungen die im Bereich der Hinterachse nun auch den berühmten Flaschenhals bildeten, die Verlegung der Wasser- und Ölkühler vom Frontflügel n das schwerpunktnähere und weniger gefährdete Seitenteil sowie die übliche regelbedingte Änderung des Tankinhalts. Die anderen Partien der Kohlefaserzelle und den Stützrahmen für die Hinterachse ließen Konstrukteur Rory Byrne und seine Assistenten Pat Symonds und John Gentry dagegen ebenso unverändert wie die Radaufhängungen und Federungen.

Fahrgestell

Kohlefaserverstärkte Kunststoffzelle mit angesetztem Stahlrohrrahmen zur Aufnahme der nichttragenden Antriebsgruppe und einteiliger Cockpit/Motorverkleidung, zentraler 220 l-Kraftstofftank, längslaufendes Hewland-Fünfganggetriebe, pull rod-Vorderradfederung, push rod-Hinterradfederung, Radstand 2800 mm, Spurweite vorn/hinten 1765/1676 mm, Reifen vorn/hinten Michelin 25×63-13/40×66-13, Gewicht (mit Kühlwasser und Öl, ohne Kraftstoff) 540 kg

Der aufgeladene Hart-Vierzylinder fand im Toleman sein bestes Gegenstück

Motor

Wassergekühlter Hart-Vierzylinder-Reihenmotor vom Typ 415 T, einteilig gegossener »Monobloc«-Leichtmetall-Zylinderkopf und -block, fünffach gleitgelagerte Kurbelwelle, Titanpleuel, zwei zahnriemengetriebene obenliegende Nockenwellen, vier über Tassenstößel betätigte Ventile pro Zylinder, mechanische Lucas-Kraftstoffeinspritzung, Holset-Abgasturbolader, elektronische Marelli-Zündung, Trockensumpfschmierung, Einbaugewicht (einschließlich Abgasturbolader und Ladeluftkühler) 140 kg, Bohrung × Hub 88×61,5 mm, Hubraum 1459 cm^3, Verdichtung 7,1, Ladedruck 3,2 bar, Leistung 478 kW (650 PS) *, Nenndrehzahl 10500/min

* Werksangabe

Tyrrell 012

Nach einem Saisonstart, der wegen der überragenden Leistung seiner jungen Fahrer Martin Brundle und Stefan Bellof wohl die besten Kritiken seit den Weltmeisterschaften durch Jackie Stewart in den Jahren 1971 und 1973 einbrachte, machten Ken Tyrrell und seine Racing Organisation vom Großen Preis von England an nur noch negative Schlagzeilen. Den Grund lieferte das Ergebnis der Schlußabnahme in Detroit, das den schon länger bestehenden Verdacht auf unerlaubte Tricks bestätigte und das FISA-Exekutivkomitee zu einer drakonischen Strafe veranlaßte. Der bei Brundle im Tank einer sogenannten »Wassereinspritzung« entdeckte Kohlenwasserstoff und die damit offenbar gleichzeitig »nachgetankten« Ballastbleikugeln genügten, um Fahrern und Team alle bisher erkämpften Punkte abzuerkennen und beide aus der laufenden Wertung auszuschließen. Tyrrell startete in den restlichen Rennen außer Konkurrenz.

Die Praxis, die beim Start eingesparten 50 Kilogramm erst nach entsprechendem Kraftstoffverbrauch durch Füllung des ominösen Wasserbehälters an Bord zu nehmen, war der regelwidrige Versuch, den mit Cosworth immer noch hoffnungslos untermotorisierten,

Tyrrell 012 mit Leichtmetallzelle, Zugstangen-Vorderradfederung und Kipphebel-Hinterradfederung

aufgrund seiner genialen Konstruktion aber auch gut beherrschbaren Maurice Phillippe-Vorjahrestyp 012 den Turbos im Leistungsgewicht etwas näherzubringen und den Fahrern wenigstens auf den relativ langsamen Strecken oder im Regen die vor allem in Monaco und Detroit genutzte Chance zu geben. Der trocken ungefähr nur 500 Kilogramm schwere 012 hatte noch ein weitgehend konventionelles Leichtmetall-Chassis mit wenigen kohlefaserverstärkten Kunststoffeinsätzen und etwas fortschrittlichere Innenbordfederungen an beiden Achsen.

Tyrrell nutzte Kohlefaser spärlich (oben die Heckschwinge, unten der Frontflügel und die zweiteilige Cockpit/Motorverkleidung) und baute als letztes Team noch den Dreiliter-Sauger von Cosworth ein

Fahrgestell

Leichtmetallzelle mit Kohlefaserpaneelen und zweiteiliger Cockpit/Motorverkleidung, zentraler 195 l-Kraftstofftank, Motor tragend, längslaufendes Hewland-Fünfganggetriebe, pull rod-Vorderradfederung, Kipphebel-Hinterradfederung, Radstand 2642 mm, Spurweite vorn/hinten 1651/1473 mm, Reifen vorn/hinten Goodyear 25.0×9.0-13/26.0×15.0-13, Gewicht (mit Kühlwasser, Wasser für die Motoreinspritzung und Öl, ohne Kraftstoff) 540 kg

Motor

Selbsttragender wassergekühlter Cosworth-90° V8-Motor vom Typ DFY, Leichtmetallgehäuse, fünffach gleitgelagerte Kurbelwelle, Leichtmetall-Zylinderköpfe, vier zahnradgetriebene obenliegende Nockenwellen, vier über Tassenstößel betätigte Ventile pro Zylinder, mechanische Lucas-Kraftstoffeinspritzung, elektronische Lucas-Zündung, Trockensumpfschmierung, Einbaugewicht 139 kg, Bohrung × Hub 90×58,8 mm, Hubraum 2991 cm³, Verdichtung 11,5, Leistung 390 kW (530 PS), Nenndrehzahl 11600/min, max. Drehmoment 395 Nm bei 9600/min

Williams FW 09/09 B

Williams und Honda schlugen aus ihrer Partnerschaft noch keinen Gewinn. Wie schlecht das Auto lag, konnte man selbst über Tausende von Kilometern auf dem heimischen Bildschirm sehen, und das nicht bessere Stehvermögen des Motors ging aus der laufenden Statistik hervor. Keke Rosberg gewann ein Rennen und plazierte sich insgesamt sechsmal, Jacques Laffite brachte es sogar auf nur vier Zieldurchfahrten. Die primären Ausfallursachen reichten von zu hohem Kraftstoffverbrauch über Motor- und Laderschäden bis hin zu manchmal tagelang nicht zu behebenden Störungen in der hausgemachten Honda-Einspritz- und Zündelektronik. Dazu gesellten sich so extreme Lastwechselreaktionen, daß die Fahrer die Kraft meist schlagartig und oft im falschen Augenblick zu spüren bekamen.

Während Honda, ein Entwicklungstempo wie bei Porsche vorausgesetzt, immerhin schon auf zweieinhalb Jahre Turboerfahrung unter simulierten und wirklichen Rennbedingungen zurückblickte, wurde Williams von der Turboentwicklung ganz offensichtlich überrollt. Der erst gegen Ende der vergangenen Saison erfolgreiche Abschluß mit den Japanern zwang Chassis-Designer Patrick Head und Aerodynamiker Frank Dernie mehr

Williams FW 09/09 B mit Leichtmetallzelle, pull rod-Federungen und Honda-Sechszylinder-Turbomotor

oder weniger dazu, den neuen Turbo aus dem alten Sauger zu entwickeln und möglichst viele bewährte Bauteile vom FW 08 C auf den FW 09 zu übertragen. Das im Erscheinungsbild wuchtige und optisch wenig ansprechende Resultat war ein Zwitter auf der Basis der früheren Leichtmetallzelle, die verlängert, mit größerem Tank und neuen Motoraufhängungen versehen und um die zusätzlichen Installationen eines Turbomotors erweitert wurde. Die Vorderräder federten nach dem gleichen pull rod-System und die Hinterradfederung wurde von Kipphebeln ebenfalls auf Zugstangen umgestellt. Eine spätere B-Version hatte ein um 15 Kilogramm leichteres Monocoque, und die entsprechenden Pfunde hungerte auch Honda noch dem Motor ab.

Fahrgestell

Leichtmetallzelle mit einteiliger Cockpit/Motorverkleidung, zentraler 220 l-Kraftstofftank, Motor tragend, längslaufendes Williams/Hewland-Fünfganggetriebe, pull rod-Vorderrad- und Hinterradfederung, Radstand 2769 mm, Spurweite vorn/hinten 1778/1676 mm, Reifen vorn/hinten Goodyear 25.0×9.0-13/26.0×15.0-13, Gewicht (mit Kühlwasser und Öl, ohne Kraftstoff) 558 kg

Motor

Selbsttragender wassergekühlter Honda-80° V6-Motor vom Typ RA 163-E, Grauguß-, später Leichtmetallgehäuse, fünffach gleitgelagerte Kurbelwelle, Leichtmetall-Zylinderköpfe, vier zahnradgetriebene obenliegende Nockenwellen, vier über Tassenstößel betätigte Ventile pro Zylinder, elektronische Honda-Kraftstoffeinspritzung und Zündung, zwei Ihi-Abgasturbolader, Trockensumpfschmierung, Einbaugewicht (mit Abgasturboladern und Ladeluftkühlern) 180/165 kg, Bohrung × Hub 80×49 mm, Hubraum 1477 cm³, Verdichtung 7,5, Ladedruck ca. 3,5 bar, Leistung ca. 550 kW (750 PS), Nenndrehzahl 11 400/min

Großer Preis von Brasilien

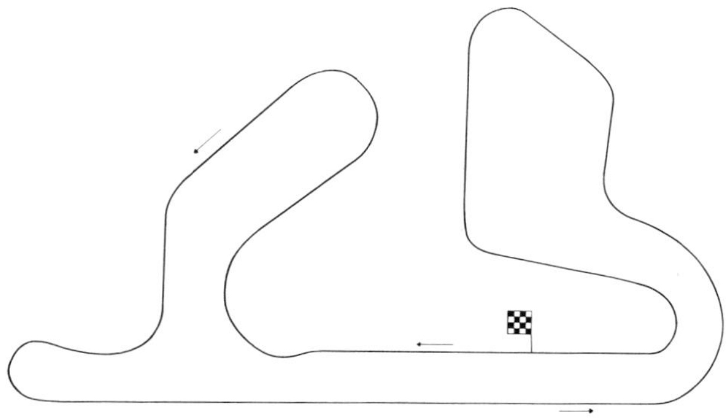

STRECKE

Ort und Datum	**Rio de Janeiro, 25. März**
Wetter	**trocken, sehr warm**
Streckenlänge	**5,031 km**
Runden	**61**
Renndistanz	**306,891 km**
Bestehender Rundenrekord	**1.37,016 = 186,687 km/h Alain Prost, Renault RE 30 B GP 1982**
GP-Sieger 1983	**Nelson Piquet, Brabham BT 52 1:48.27,731 = 175,300 km/h**

TRAININGSZEITEN

			23. März	24. März
1	Nelson Piquet	Brabham BT 53	1.31,068	1.30,149
2	Teo Fabi	Brabham BT 53	1.33,951	1.33,277
3	Martin Brundle	Tyrrell 012	1.36,081	1.36,191
4	Stefan Bellof	Tyrrell 012	1.36,957	1.36,609
5	Jacques Laffite	Williams FW 09	1.32,032	1.31,548
6	Keijo Rosberg	Williams FW 09	1.31,778	1.30,611
7	Alain Prost	McLaren MP4/2	1.29,823	1.29,330
8	Niki Lauda	McLaren MP4/2	1.29,951	1.29,854
9	Philippe Alliot	RAM 02	1.38,124	1.37,709
10	Dr. Jonathan Palmer*	RAM 01	1.39,840	1.37,919
11	Elio de Angelis	Lotus 95 T	1.29,625	1.28,392
12	Nigel Mansell	Lotus 95 T	1.29,364	1.30,182
14	Manfred Winkelhock**	ATS D 6	1.35,395	1.32,997
15	Patrick Tambay	Renault RE 50	1.30,719	1.30,554
16	Derek Warwick	Renault RE 50	1.30,945	1.29,025
17	Marc Surer	Arrows A 6	1.37,204	1.37,348
18	Thierry Boutsen	Arrows A 6	1.36,737	1.36,312
19	Ayrton Senna	Toleman TG 183 B	1.36,867	1.33,525
20	Johnny Cecotto	Toleman TG 183 B	1.35,980	1.35,300
21	Mauro Baldi	Spirit 101 B	1.36,816	1.39,873
22	Riccardo Patrese	Alfa Romeo 184 T	1.30,973	1.31,679
23	Eddie Cheever	Alfa Romeo 184 T	1.33,115	1.31,282
24	Piercarlo Ghinzani	Osella FA 1 E	1.40,431	1.36,434
25	Francois Hesnault	Ligier JS 23	1.36,257	1.36,238
26	Andrea de Cesaris	Ligier JS 23	1.34,622	1.32,895
27	Michele Alboreto	Ferrari 126 C4	1.29,950	1.28,898
28	Rene Arnoux	Ferrari 126 C4	1.30,832	1.30,695

* für Winkelhock gestartet
** disqualifiziert

Training

Fünf Monate nach dem letzten Rennen der vergangenen Saison traten die meisten Teams schon mit neuen oder fast neuen Modellen an: ATS, Brabham, Euroracing-Alfa Romeo, Ferrari, Ligier, Lotus, McLaren, Osella, RAM, Renault, Spirit und Williams. Nur Arrows und Tyrrell, die letzten Cosworth-Installateure, bedienten sich mangels Turboschub noch der alten Maschinerie und Toleman begann erst mit den TG 184-Tests. Natürlich hatten auch die älteren Wagen auf 220 Liter gebrachte Kraftstofftanks.

Welche Fortschritte die Techniker in der langen Winterpause in den Konstruktionsbüros, auf Prüfständen und bei Probefahrten in Le Castellet, Rio de Janeiro und Kyalami machten, rechnete ihnen Chefzeitnehmer Caspar Arnet von Longines an den beiden Trainingstagen schnell vor: Rundenzeiten, die nicht nur bis zu sechs Sekunden unter den vorjährigen, sondern auch bis zu vier Zehntelsekunden unter jenen der seit 1983 verbotenen wing cars lagen. Allerdings hatte der Einsatz ebenso leistungsfähiger wie »explosiver« Trainingsmotoren unter dem neuen Reglement stark zugenommen.

Der für alle Weltmeisterschaftsläufe gleiche Zeitplan sah an zwei Tagen je 90 Minuten freies und 60 Minuten Zeittraining vor. Jeder Fahrer verfügte in der über Qualifikation und Startplatz entscheidenden Stunde nur über zwei zugelassene und sorgfältig markierte Reifensätze, die mit einer Lebensdauer von einer Anwärmrunde, zwei bis drei fliegenden Runden und einer Auslaufrunde ein sehr glückliches Timing bezüglich des Streckenzustands, des Fahrzeugzustands und der Verkehrsdichte verlangten. Nach 120 Minuten und 16 abradierten Qualifiers hielt de Angelis auf Lotus-Renault die Pole-position vor den Ferrari-, Renault- und McLaren-TAG/Porsche-Neulingen Alboreto, Warwick und Prost. Titelverteidiger Piquet bezahlte einen Quersteller und einen Motorschaden in seinen »Banzai«-Runden mit dem siebten Startplatz, Winkelhock verlor den 15., als er wegen unerlaubter Schiebehilfe in der Boxengasse aus dem Wettbewerb genommen wurde, und Grand Prix-Debütant Bellof verschaffte sich Respekt mit einer guten Cosworth-Zeit zwischen den routinierten Sauger-Piloten Boutsen und Surer.

Rennen

In dem Bestreben, das 307 Kilometer entfernte Ziel trotz des begrenzten Kraftstoffvorrats zuverlässig zu erreichen, schickten diverse Turbo-Teams ihre Fahrer nicht nur mit sparsameren »Rennmotoren« und wahren Präzisionsinstrumenten von Benzinuhren in den erwarteten Verbrauchstest. Sie nutzten auch die Möglichkeit, den Kraftstoff durch Kühlung um ein Volumenprozent je zehn Grad – zum Beispiel elf Liter bei einer Senkung von plus auf minus 25 Grad – zu verdichten.
Nach zwei Startverschiebungen – zuerst brach die öffentliche Stromversorgung zusammen und dann das Schaltgestänge von de Cesaris – bewiesen Alboreto, Warwick, Mansell und Lauda bessere Nerven als de Angelis und brachten den Trainingsschnellsten schon auf der Start- und Zielgeraden um die Führung. Noch schlechter ging es Piquet, der wie Cecotto mit abgewürgtem Motor angeschoben werden mußte und als einer der letzten praktisch keine Chance mehr auf Punkte oder gar den Sieg vor seinen 62000 Landsleuten hatte. Andrea de Cesaris startete mit einem Reservewagen aus der Boxengasse.
Michele Alboreto machte die ersten elf Runden zur Sprintetappe dieses später allgemein als Economy-run apostrophierten Rennens. Wie früher den wendigen

»Eisbenzin« im Spezialbehälter und unter dem Sonnensegel

Tyrrell, peitschte er den leicht übersteuernden Ferrari im gleichen kraftvollen Stil über den flüssig angelegten Kurs und setzte sich überraschend schnell von Warwick und dem nachdrängenden Lauda ab. Zwei unverschuldete Dreher in zwei aufeinanderfolgenden Kurven durch Bolzenbruch in der rechten vorderen Bremszange bremsten und stoppten den hoffnungsvollen Italiener jedoch in der 14. Runde.
Inzwischen hatte Lauda den hartbedrängten Warwick mit einem kräftigen Stoß seines rechten Hinterrads gegen das linke Vorderrad buchstäblich vom zweiten Platz geboxt und fand sich nun auf dem ersten wieder. Ganz offensichtlich profitierte er von der weit zurückreichenden Langstreckenerfahrung der Porsche-Ingenieure, und die bessere Abstimmung des deutschen Turbo-Sechszylinders führte auch seinen neuen Stallgefährten bald an Tambay, Mansell und Warwick vorbei. Lauda und Prost hielten über eine lange Strecke die Spitze und überrundeten dabei das halbe Feld.
Doch plötzlich gerieten auch die McLaren-Zwillinge in Not. Mitten in einer Serie von Boxenstopps, auf die viele Teams trotz des Tankverbots wegen der überlegenen Griffigkeit kurzlebiger weicher Reifen nicht verzichten wollten, tauschten sie überraschend die Plätze und steuerten in der 39. Runde gemeinsam die Boxen an. Niki Lauda reklamierte Störungen in der Elektrik, die ihn dann auch aus dem Rennen warfen, und Prost fiel durch die Ungeschicklichkeit seiner Mechaniker beim Radwechsel wieder hinter Warwick zurück. Erst ein Zwischenspurt mit dem neuen offiziellen Rundenrekord brachte den Franzosen elf Runden vor Schluß wieder nach vorn.
Außer Prost, der statt Lauda nun die Ehre hatte, den TAG/Porsche-Turbo im fünften Rennen zum ersten Sieg zu führen, erreichten nur acht Fahrer das Ziel. Selbst Warwick und Tambay blieben noch mit Querlenkerbruch an dem von Lauda getroffenen Rad und leerem Tank auf der Strecke.
In der 43. Runde kombinierte Brundle seinen Reifenwechsel mit dem für Tyrrell bald typischen und später so verhängnisvollen Nachtanken einer größeren Wassermenge. Schon damals wurden Sinn und Funktion einer Wassereinspritzung für den guten alten »Cossie« angezweifelt und der auf wenigstens 40 Liter geschätzte Inhalt des Behälters als reiner Ballast für das weit unter dem vorgeschriebenen Mindestgewicht liegende Auto angesehen. Doch die Einspritzung allein machte noch keinen Regelverstoß...

RUNDENTABELLE

11	Elio de Angelis	Lotus 95 T
27	Michele Alboreto	Ferrari 126 C4
16	Derek Warwick	Renault RE 50
7	Alain Prost	McLaren MP4/2
12	Nigel Mansell	Lotus 95 T
8	Niki Lauda	McLaren MP4/2
1	Nelson Piquet	Brabham BT 53
15	Patrick Tambay	Renault RE 50
6	Keijo Rosberg	Williams FW 09
28	Rene Arnoux	Ferrari 126 C4
22	Riccardo Patrese	Alfa Romeo 184 T
23	Eddie Cheever	Alfa Romeo 184 T
5	Jacques Laffite	Williams FW 09
26	Andrea de Cesaris	Ligier JS 23
2	Teo Fabi	Brabham BT 53
19	Ayrton Senna	Toleman TG 183 B
20	Johnny Cecotto	Toleman TG 183 B
3	Martin Brundle	Tyrrell 012
25	Francois Hesnault	Ligier JS 23
18	Thierry Boutsen	Arrows A 6
24	Piercarlo Ghinzani	Osella FA 1 E
4	Stefan Bellof	Tyrrell 012
21	Mauro Baldi	Spirit 101 B
17	Marc Surer	Arrows A 6
9	Philippe Alliot	RAM 02
10	Dr. J. Palmer	RAM 01

1	2	3	4	5	6	7	8	9	10	11	12	13	14	15	16	17	18	19	20	21	22	23	24	25	26	27	28	29	30
27	27	27	27	27	27	27	27	27	27	27	8	8	8	8	8	8	8	8	8	8	8	8	8	8	8	8	8	8	8
16	16	16	16	16	16	16	16	16	8	8	16	16	16	16	16	16	16	16	16	16	16	16	7	7	7	7	7	7	7
12	8	8	8	8	8	8	8	8	16	16	27	12	12	12	7	7	7	7	7	7	7	7	16	16	16	16	16	16	16
8	12	12	12	12	12	12	12	12	12	12	12	7	7	7	12	12	12	12	12	12	12	12	12	12	12	12	12	12	28
11	11	11	15	15	15	15	15	15	15	15	15	15	15	15	15	15	15	15	15	15	15	15	15	15	15	28	28	28	11
15	15	15	11	28	28	28	28	7	7	7	7	28	28	28	28	28	28	28	28	28	28	28	28	28	28	11	11	11	6
28	28	28	28	7	7	7	7	28	28	28	28	11	11	11	11	11	11	11	11	11	11	11	11	11	11	6	6	6	1
6	6	7	7	11	11	11	11	11	11	11	11	6	6	6	6	6	6	6	6	6	6	6	6	6	6	1	1	1	12
23	7	6	6	6	6	6	6	6	6	6	6	2	2	2	2	1	1	1	1	1	1	1	1	1	1	23	15	15	15
7	23	2	2	2	2	2	2	2	2	2	2	23	23	1	1	2	2	2	23	23	23	23	23	23	23	15	23	23	23
2	2	23	23	23	23	23	23	23	23	23	23	1	1	23	23	23	23	23	2	22	22	22	22	22	22	22	22	3	3
22	22	22	22	22	22	22	22	22	22	22	1	5	5	22	22	22	22	22	22	3	3	3	3	3	3	3	3	22	2
19	4	4	4	4	4	4	4	4	4	1	22	22	22	3	3	3	3	3	3	2	2	2	2	2	2	2	2	2	18
4	19	19	5	5	5	5	5	1	1	5	5	3	3	5	18	18	18	18	18	18	18	18	18	18	18	18	18	18	22
3	3	5	19	19	19	1	1	5	5	4	3	27	18	18	26	26	26	26	26	26	17	17	17	17	17	17	26	26	26
5	5	3	3	3	1	19	3	3	3	3	25	18	26	26	25	25	25	25	17	17	25	25	26	26	26	26	17	17	17
25	25	25	25	1	3	3	25	25	25	25	18	25	25	25	20	20	17	17	25	25	26	26	25	25	10	10	10	10	10
18	18	18	18	25	25	25	18	18	18	18	26	26	17	17	17	17	9	9	9	9	9	10	10	10	24	24	24		
24	17	1	1	18	18	18	26	26	26	26	17	17	20	20	9	9	10	10	10	10	10	9	24	24					
17	24	17	17	17	26	26	17	17	17	17	20	20	9	9	10	10	20	24	24	24	24	24	9						
9	1	24	26	26	17	17	20	20	20	20	9	9	10	10	24	24	24												
21	9	26	24	24	24	20	9	9	9	9	10	10	27	24															
10	26	9	9	20	20	24	10	10	10	10	21	24	24																
1	10	20	20	9	9	9	19	21	21	21	24																		
26	20	10	10	10	10	10	21	24	24	24																			
20	21	21	21	21	21	21	24																						

STARTAUFSTELLUNG

27 Michele Alboreto
1.28,898

7 Alain Prost
1.29,330

8 Niki Lauda
1.29,854

15 Patrick Tambay
1.30,554

28 Rene Arnoux
1.30,695

23 Eddie Cheever
1.31,282

26 Andrea de Cesaris*
1.32,895

19 Ayrton Senna
1.33,525

3 Martin Brundle
1.36,081

18 Thierry Boutsen
1.36,312

4 Stefan Bellof
1.36,609

17 Marc Surer
1.37,204

10 Dr. Jonathan Palmer
1.37,919

11 Elio de Angelis
1.28,392

16 Derek Warwick
1.29,025

12 Nigel Mansell
1.29,364

1 Nelson Piquet
1.30,149

6 Keijo Rosberg
1.30,611

22 Riccardo Patrese
1.30,973

5 Jacques Laffite
1.31,548

2 Teo Fabi
1.33,277

10 Johnny Cecotto
1.35,300

25 Francois Hesnault
1.36,238

24 Piercarlo Ghinzani
1.36,434

21 Mauro Baldi
1.36,816

9 Philippe Alliot
1.37,709

* von den Boxen aus gestartet

ERGEBNISSE UND AUSFÄLLE

1.	Alain Prost	McLaren MP4/2	1:42.34,492 = 179,511 km/h
2.	Keijo Rosberg	Williams FW 09	1:43.15,006
3.	Elio de Angelis	Lotus 95 T	1:43.33,620
4.	Eddie Cheever	Alfa Romeo 184 T	60 Runden
5.	Martin Brundle*	Tyrrell 012	60 Runden
6.	Patrick Tambay	Renault RE 50	59 Runden, Kraftstoffmangel
7.	Thierry Boutsen	Arrows A 6	59 Runden
8.	Marc Surer	Arrows A 6	59 Runden
9.	Dr. Jonathan Palmer	RAM 01	58 Runden
10.	Derek Warwick	Renault RE 50	51 Runden, Vorderradaufhängung
11.	Andrea de Cesaris	Ligier JS 23	42 Runden, Schaltgestänge
12.	Riccardo Patrese	Alfa Romeo 184 T	41 Runden, Getriebe
13.	Niki Lauda	McLaren MP4/2	38 Runden, Batteriekabel
14.	Nigel Mansell	Lotus 95 T	35 Runden, Unfall
15.	Nelson Piquet	Brabham BT 53	32 Runden, Motor
16.	Teo Fabi	Brabham BT 53	32 Runden, Turbolader
17.	Rene Arnoux	Ferrari 126 C4	30 Runden, Turbolader
18.	Piercarlo Ghinzani	Osella FA 1 E	28 Runden, Getriebe
19.	Francois Hesnault	Ligier JS 23	25 Runden, Motor
20.	Philippe Alliot	RAM 02	24 Runden, Turbolader
21.	Johnny Cecotto	Toleman TG 183 B	18 Runden, Turbolader
22.	Jacques Laffite	Williams FW 09	15 Runden, Zündung
23.	Michele Alboreto	Ferrari 126 C4	14 Runden, Bremsen
24.	Mauro Baldi	Spirit 101 B	12 Runden, Zündung, Turbolader
25.	Stefan Bellof*	Tyrrell 012	11 Runden, Gaszug
26.	Ayrton Senna	Toleman TG 183 B	8 Runden, Ladedruck

* disqualifiziert

SCHNELLSTE RUNDE (42. Runde)

Alain Prost — McLaren MP4/2 — 1.36,499 = 187,686 km/h

32	33	34	35	36	37	38	39	40	41	42	43	44	45	46	47	48	49	50	51	52	53	54	55	56	57	58	59	60	61
8	8	8	8	8	8	7	16	16	16	16	16	16	16	16	16	16	16	16	7	7	7	7	7	7	7	7	7	7	7
7	7	7	7	7	7	8	(7)	7	7	7	7	7	7	7	7	7	7	7	16	15	15	15	15	15	6	6	6	6	6
16	16	16	16	16	16	16	15	15	15	15	15	15	15	15	15	15	15	15	15	6	6	6	6	6	15	15	15	11	11
11	11	12	12	15	15	15	6	6	6	6	6	6	6	6	6	6	6	6	6	11	11	11	11	11	11	11	11	23	
12	12	15	15	3	3	6	3	11	11	11	11	11	11	11	11	11	11	11	11	23	23	23	23	23	23	23	23	3	
15	15	11	3	6	6	3	11	3	3	3	23	23	23	23	23	23	23	23	23	3	3	3	3	3	3	3	3		
3	3	3	6	11	11	11	23	23	23	23	(3)	3	3	3	3	3	3	3	3	18	18	18	18	18	18	18	18		
1	6	6	(11)	23	23	23	22	22	22	(26)	18	18	18	18	18	18	18	18	18	17	17	17	17	17	17	17	17		
(6)	23	23	23	22	22	22	26	26	26	18	17	17	17	17	17	17	17	17	17	10	10	10	10	10	10	10			
2	22	22	22	18	26	26	18	18	18	17	10	10	10	10	10	10	10	10	10										
23	18	18	18	26	18	18	17	17	17	10																			
22	26	26	26	17	17	17	10	10	10																				
18	17	17	17	10	10	10																							
26	10	10	10																										
17																													
10																													

eichenerklärung: —— −1 Runde
○ Boxenstopp

WERTUNGSPUNKTE

Fahrer: Prost 9, Rosberg 6, de Angelis 4, Cheever 3, Tambay 2, Boutsen 1

Konstrukteure: McLaren 9, Williams 6, Lotus 4, Alfa Romeo 3, Renault 2, Arrows 1

Großer Preis von Südafrika

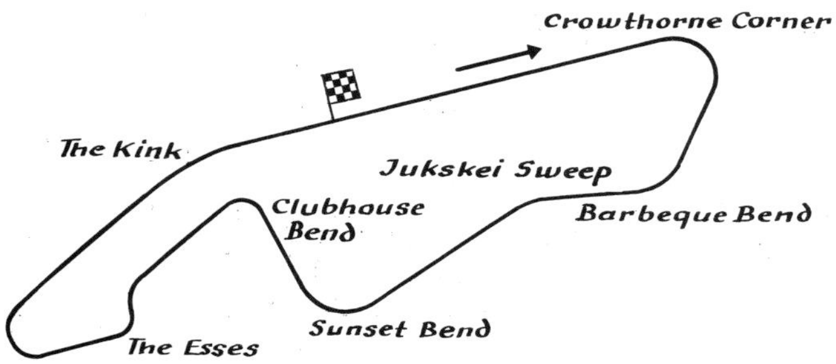

STRECKE

Ort und Datum	**Kyalami, 7. April**
Wetter	**trocken, sehr warm**
Streckenlänge	**4,104 km**
Runden	**75**
Renndistanz	**307,783 km**
Bestehender Rundenrekord	**1.08,278 = 216,385 km/h Alain Prost, Renault RE 30 B GP 1982**
GP-Sieger 1983	**Riccardo Patrese, Brabham BT 52 B 1:33.25,708 = 202,941 km/h**

TRAININGSZEITEN

1	Nelson Piquet		5. April	6. April
2	Teo Fabi	Brabham BT 53	1.05,280	1.04,871
3	Martin Brundle	Brabham BT 53	1.05,923	1.07,236
4	Stefan Bellof	Tyrrell 012	1.12,233	1.12,453
5	Jacques Laffite	Tyrrell 012	1.12,322	1.12,022
6	Keijo Rosberg	Williams FW 09	1.07,142	1.06,762
7	Alain Prost	Williams FW 09	1.05,127	1.05,058
8	Niki Lauda	McLaren MP4/2	1.06,576	1.05,354
9	Philippe Alliot	McLaren MP4/2	1.06,238	1.06,043
10	Dr. Jonathan Palmer	RAM 02	–	1.10,619
11	Elio de Angelis	RAM 01	–	1.10,383
12	Nigel Mansell	Lotus 95 T	1.06,305	1.05,953
14	Manfred Winkelhock	Lotus 95 T	1.05,792	1.05,125
15	Patrick Tambay	ATS D 7	1.06,974	1.07,417
16	Derek Warwick	Renault RE 50	1.05,588	1.05,339
17	Marc Surer	Renault RE 50	1.06,056	1.06,491
18	Thierry Boutsen*	Arrows A 6	1.12,227	1.11,808
19	Ayrton Senna	Arrows A 6	1.12,326	1.12,274
20	Johnny Cecotto	Toleman TG 183 B	1.07,657	1.06,981
21	Mauro Baldi	Toleman TG 183 B	1.09,892	1.08,298
22	Riccardo Patrese	Spirit 101 B	1.10,450	1.09,923
23	Eddie Cheever	Alfa Romeo 184 T	1.08,399	1.08,042
24	Piercarlo Ghinzani**	Alfa Romeo 184 T	1.07,704	1.07,993
25	Francois Hesnault	Osella FA 1 E	1.10,829	1.09,600
26	Andrea de Cesaris	Ligier JS 23	1.09,909	1.07,787
27	Michele Alboreto	Ligier JS 23	1.09,132	1.07,245
28	Rene Arnoux	Ferrari 126 C4	1.07,404	1.06,323
		Ferrari 126 C4	1.07,514	1.07,345

* für Ghinzani gestartet
** nicht gestartet

Training

Am Tag vor dem Grand Prix schien die Welt des Weltmeisters wieder in Ordnung. Mit 306 Kilometern in der Stunde jagte Piquet seinen Brabham-BMW über die Start- und Zielgerade, wo die andern knapp 300 erreichten, verdrängte Rosberg von der hartumkämpften Pole-position und unterbot die letztjährige Trainingsbestzeit um annähernd zwei Sekunden. Teo Fabi wertete diesen ersten Brabham-Erfolg mit dem sechsten Startplatz noch auf.

Eher zurückhaltend agierten dagegen wieder die Sieger und Beinahe-Sieger von Rio de Janeiro. Ohne spezielle Trainingsmotoren, die es nach Auskunft von Porsche-Chefingenieur Hans Mezger überhaupt nicht gab, und anfänglichen Schwierigkeiten mit der Bosch-Motronic in der ungewohnten Höhe von über 1600 Metern plazierten sich Prost und Lauda nur zwischen den jeweils schnelleren und langsameren Lotus- und Renault-Piloten. Alain Prost bestritt den entscheidenden Lauf mit dem gemeinsamen Reservewagen, an dem kleinere Turbolader das Ansprechverhalten verbessern sollten.

Rennen

Der Renntag begann mit einem Schock. Vormittags im Warm-up, der oft einzigen Gelegenheit, die Wagen und ihr Zubehör unter Rennbedingungen zu testen, schlug Ghinzani beim Jukskei Sweep mit hoher Geschwindigkeit in einen Erdwall und konnte sich gerade noch rechtzeitig aus der brennenden Zelle des in zwei Teile gerissenen Osella befreien. Nachmittags vertrat Boutsen den mit nur leichten Verbrennungen an Gesicht und Händen und Prellungen erstaunlich glimpflich davongekommenen Italiener.

Für die Brabham-Fahrer nahm zunächst auch das Rennen den gewünschten Verlauf. Nach ebenso kurzen wie heftigen Auseinandersetzungen mit Rosberg und Mansell setzten sich Piquet und Fabi in der zweiten und dritten Runde an die Spitze und lösten sich ab der vierten sogar von ihren neu formierten Verfolgern Lauda, Rosberg, Warwick und Tambay. Vergessen war der schlechte Start von Rio, obwohl Piquet wieder Probleme mit der Synchronisierung von Gas und Kupplung hatte, und vergessen konnte man anscheinend

Stefan Bellof bewegte den schmächtigen Tyrrell meist am Limit

auch Rio-Sieger Prost. Der »Professor«, wie hauptsächlich die Angelsachsen den kühlen Franzosen in einer Mischung aus Hochachtung und Neid gern nannten, war nach dem Einfrieren einer Kraftstoffleitung durch 30 Grad kaltes »Eisbenzin« mit dem Reservewagen von den Boxen aus gestartet und quälte sich nun mühsam durchs Hinterfeld. Seine augenblicklichen Gegner hießen Hesnault, Brundle, Baldi, Bellof und Senna.

Doch schneller als Brabham fürchtete und McLaren hoffte, trat wieder die Wende zugunsten der TAG/Porsche-Piloten ein. Schon in der zehnten und 21. Runde überlief Lauda die durch falsche Reifen zu vorzeitigen Boxenstopps gezwungenen BMW-Fahrer, während Prost aus dem ursprünglich letzten Platz bereits den siebten machte, und nicht lange danach verglühten Fabi und Piquet die Lader. Der aus aerodynamischen Gründen möglichst klein gehaltene Brabham-Maschinenraum bedurfte offenbar dringend einer besseren Ventilation.

Nach dem erneuten Ausfall der Brabham-Fahrer und nachdem Prost auch die restlichen Angehörigen der noch intakten Mannschaften von Ferrari, Lotus, Renault und Williams über die planmäßigen Reifenwechsel hinaus aufgearbeitet hatte, zogen Lauda und sein Stallgefährte der Konkurrenz unaufhaltsam davon und überrundeten dabei das ganze Feld. Im Ziel lag Lauda, der es zuletzt etwas ruhiger angehen ließ, über eine Minute vor Prost und es fehlte nicht an Spekulationen, was gewesen wäre wenn... Aus deutscher Sicht gefiel auch wieder Bellof, der sich bis zu seinem Ausritt in Crowthorne durch Bremsversagen vom 24. auf den neunten Platz hochdiente, während Winkelhock ein elektrisch gestörtes Dasein zwischen Boxen und Feldende führte. Die nun schon Jahre währende Pechsträhne des Waiblingers nahm und nahm kein Ende.

RUNDENTABELLE

1	Nelson Piquet	Brabham BT 53
6	Keijo Rosberg	Williams FW 09
12	Nigel Mansell	Lotus 95 T
15	Patrick Tambay	Renault RE 50
7	Alain Prost	McLaren MP4/2
2	Teo Fabi	Brabham BT 53
11	Elio de Angelis	Lotus 95 T
8	Niki Lauda	McLaren MP4/2
16	Derek Warwick	Renault RE 50
27	Michele Alboreto	Ferrari 126 C4
5	Jacques Laffite	Williams FW 09
14	M. Winkelhock	ATS D 7
19	Ayrton Senna	Toleman TG 183 B
26	Andrea de Cesaris	Ligier JS 23
28	Rene Arnoux	Ferrari 126 C4
23	Eddie Cheever	Alfa Romeo 184 T
25	Francois Hesnault	Ligier JS 23
22	Riccardo Patrese	Alfa Romeo 184 T
20	Johnny Cecotto	Toleman TG 183 B
21	Mauro Baldi	Spirit 101 B
10	Dr. J. Palmer	RAM 01
9	Philippe Alliot	RAM 02
17	Marc Surer	Arrows A 6
4	Stefan Bellof	Tyrrell 012
3	Martin Brundle	Tyrrell 012
18	Thierry Boutsen	Arrows A 6

1	2	3	4	5	6	7	8	9	10	11	12	13	14	15	16	17	18	19	20	21	22	23	24	25	26	27	28	29
6	1	1	1	1	1	1	1	1	1	1	1	1	1	1	1	1	1	1	1	8	8	8	8	8	8	8	8	8
1	6	2	2	2	2	2	2	2	8	8	8	8	8	8	8	8	8	8	8	(1)	6	6	6	1	1	1	1	6
2	2	6	8	8	8	8	8	8	2	(2)	6	6	6	6	6	6	6	6	6	6	16	16	1	6	6	6	6	16
8	8	8	6	6	6	6	6	6	6	6	16	16	16	16	16	16	16	16	16	16	15	1	16	16	16	16	16	7
16	16	16	16	16	16	16	16	16	16	16	15	15	15	15	15	15	15	15	15	15	1	15	15	15	7	7	7	11
15	15	15	15	15	15	15	15	15	15	15	11	11	11	11	11	11	11	11	11	11	11	11	11	7	15	15	11	15
11	11	11	11	11	11	11	11	11	11	11	27	27	27	27	27	27	27	27	7	7	7	7	7	11	11	11	15	27
5	27	27	27	27	27	27	27	27	27	27	5	5	5	5	5	5	5	7	27	27	27	27	27	27	27	27	27	5
27	5	5	5	5	5	5	5	5	5	5	28	28	28	28	7	7	7	5	5	5	5	5	5	5	5	5	5	28
22	14	14	14	14	14	14	14	28	28	28	7	7	7	7	28	28	28	28	28	28	28	28	28	28	28	28	28	12
14	22	22	22	12	12	12	28	14	12	12	12	12	12	12	12	12	12	12	12	12	12	12	12	12	12	12	12	(1)
12	12	12	12	28	28	28	12	12	7	7	14	14	14	14	14	14	14	14	14	14	14	14	14	26	26	14	26	26
26	26	26	28	22	22	22	26	7	14	14	26	26	26	26	26	26	26	26	26	26	26	26	26	14	14	26	22	22
28	28	28	26	26	26	26	7	26	26	26	22	22	22	22	2	2	22	22	22	22	22	22	22	22	22	22	19	19
19	19	19	19	19	7	7	22	22	22	22	2	2	2	2	22	22	19	19	19	19	19	19	19	19	19	19	(14)	25
23	23	23	7	7	19	19	19	19	19	19	19	19	19	19	19	19	20	20	20	20	20	20	20	20	(20)	25	25	4
21	25	25	25	25	25	25	25	25	20	20	20	20	20	20	20	20	(2)	25	25	25	25	25	25	25	25	4	4	3
4	4	4	4	4	20	20	20	20	25	25	25	25	25	25	25	25	25	4	4	4	4	4	4	4	4	3	3	21
7	21	7	(23)	20	4	4	4	4	4	4	4	4	4	4	4	4	4	3	3	3	3	3	3	3	3	21	21	17
25	3	21	20	21	21	21	21	21	21	3	3	3	3	3	3	3	3	21	21	21	21	21	21	21	21	17	17	18
3	7	20	21	3	3	3	3	3	3	21	21	21	21	21	21	21	21	10	10	10	(10)	17	17	17	17	18	18	(14)
10	10	3	3	10	10	10	10	10	10	10	10	10	10	10	10	10	10	17	17	17	17	18	18	18	18			
20	20	10	10	17	17	17	17	17	17	17	17	17	17	17	17	17	17	18	18	18	18	9	(9)					
17	17	17	17	18	18	18	18	18	18	18	18	18	18	18	18	18	18	9	9	9	9							
18	18	18	18	9	9	9	9	9	9	9	9	9	9	9	9	9	9											
9	9	9	9																									

STARTAUFSTELLUNG

1 Nelson Piquet
1.04,871

6 Keijo Rosberg
1.05,058

12 Nigel Mansell
1.05,125

15 Patrick Tambay
1.05,339

7 Alain Prost*
1.05,354

2 Teo Fabi
1.05,923

11 Elio de Angelis
1.05,953

8 Niki Lauda
1.06,043

16 Derek Warwick
1.06,056

27 Michele Alboreto
1.06,323

5 Jacques Laffite
1.06,762

14 Manfred Winkelhock
1.06,974

19 Ayrton Senna
1.06,981

26 Andrea de Cesaris
1.07,245

28 Rene Arnoux
1.07,345

23 Eddie Cheever
1.07,704

25 Francois Hesnault
1.07,787

22 Riccardo Patrese
1.08,042

20 Johnny Cecotto
1.08,298

21 Mauro Baldi
1.09,923

10 Dr. Jonathan Palmer
1.10,383

9 Philippe Alliot
1.10,619

17 Marc Surer
1.11,808

4 Stefan Bellof
1.12,022

3 Martin Brundle
1.12,233

18 Thierry Boutsen
1.12,274

* von den Boxen aus gestartet

ERGEBNISSE UND AUSFÄLLE

1. Niki Lauda	McLaren MP4/2	1:29.23,430 = 206,587 km/h
2. Alain Prost	McLaren MP4/2	1:30.29,380
3. Derek Warwick	Renault RE 50	74 Runden
4. Riccardo Patrese	Alfa Romeo 184 T	73 Runden
5. Andrea de Cesaris	Ligier JS 23	73 Runden
6. Ayrton Senna	Toleman TG 183 B	72 Runden
7. Elio de Angelis	Lotus 95 T	71 Runden
8. Mauro Baldi	Spirit 101 B	71 Runden
9. Marc Surer	Arrows A 6	71 Runden
10. Francois Hesnault	Ligier JS 23	71 Runden
11. Martin Brundle*	Tyrrel 012	71 Runden
12. Michele Alboreto	Ferrari 126 C4	70 Runden, Kraftstoffzufuhr
13. Thierry Boutsen	Arrows A 6	70 Runden
14. Patrick Tambay	Renault RE 50	66 Runden, Kraftstoffmangel
15. Jacques Laffite	Williams FW 09	60 Runden, Rad verloren
16. Stefan Bellof*	Tyrrell 012	59 Runden, Unfall
17. Manfred Winkelhock	ATS D 7	53 Runden, Zündung
18. Nigel Mansell	Lotus 95 T	51 Runden, Ladedruck
19. Keijo Rosberg	Williams FW 09	51 Runden, Gelenkwelle
20. Rene Arnoux	Ferrari 126 C4	40 Runden, Kraftstoffzufuhr
21. Nelson Piquet	Brabham BT 53	29 Runden, Turbolader
22. Johnny Cecotto	Toleman TG 183 B	26 Runden, Hinterradaufhängung
23. Philippe Alliot	RAM 02	24 Runden, Turbolader
24. Dr. Jonathan Palmer	RAM 01	22 Runden, Lichtmaschine
25. Teo Fabi	Brabham BT 53	18 Runden, Turbolader
26. Eddie Cheever	Alfa Romeo 184 T	4 Runden, Kühler

* disqualifiziert

Schnellste Runde (65. Runde)

Patrick Tambay | Renault RE 50 | 1.08,877 = 214,492 km/h

1	32	33	34	35	36	37	38	39	40	41	42	43	44	45	46	47	48	49	50	51	52	53	54	55	56	57	58	59	60	61	62	63	64	65	66	67	68	69	70	71	72	73	74	75
8	8	8	8	8	8	8	8	8	8	8	8	8	8	8	8	8	8	8	8	8	8	8	8	8	8	8	8	8	8	8	8	8	8	8	8	8	8	8	8	8	8	8	8	8
6	6	6	6	6	6	16	11	11	11	5	5	7	7	7	7	7	7	7	7	7	7	7	7	7	7	7	7	7	7	7	7	7	7	7	7	7	7	7	7	7	7	7	7	7
6	16	16	16	16	16	11	16	5	5	27	7	5	5	5	5	5	5	5	5	5	5	5	5	5	5	5	5	5	5	27	15	15	15	15	15	16	16	16	16	16	16	16	16	
1	11	11	11	11	11	6	5	27	27	7	27	27	27	27	27	27	27	27	27	16	6	16	16	16	27	27	27	27	27	15	27	27	16	16	16	27	27	27	27	22	22	22		
7	27	27	27	27	5	5	27	7	7	12	12	12	12	12	12	16	16	16	16	27	27	27	27	27	16	15	15	15	15	16	16	16	27	27	27	22	22	22	22	26	26	26		
7	5	5	5	5	27	27	28	28	28	15	15	15	16	16	16	12	12	12	12	6	19	19	15	15	15	16	16	16	16	22	22	22	22	22	22	26	26	26	26	19	19			
5	28	28	28	28	28	28	7	12	12	16	16	16	15	15	15	6	6	19	19	19	15	15	19	19	19	22	22	22	22	26	26	26	26	26	26	19	19	19	19	11				
8	12	12	12	12	12	12	12	15	15	6	6	6	6	6	6	15	15	6	6	15	22	22	22	22	22	26	26	26	26	19	19	19	19	19	19	25	11	11	11	21				
5	7	7	7	7	7	7	15	16	16	11	19	19	19	19	19	19	19	15	15	12	26	26	26	26	26	4	4	4	19	25	25	25	25	25	25	21	21	21	21	17				
2	15	15	15	15	15	15	6	6	6	19	22	22	22	22	22	22	22	22	22	22	4	4	4	4	4	19	19	19	17	21	21	21	21	21	21	11	25	25	17	25				
6	26	26	26	22	22	22	22	22	19	22	25	25	4	4	4	4	4	4	26	26	17	25	17	17	17	17	17	17	25	11	11	11	11	11	11	17	17	17	25	3				
2	22	22	22	19	19	19	19	19	22	25	4	4	25	25	25	26	26	26	4	4	25	17	25	25	25	25	25	25	21	3	3	3	3	17	17	3	3	3	3					
9	19	19	19	26	25	25	25	25	25	4	3	3	3	3	26	25	25	25	25	25	21	21	21	21	21	21	21	21	3	17	17	17	17	3	3	18	18	18	18					
5	25	25	25	25	4	4	4	4	4	3	26	26	26	26	3	3	3	3	21	21	3	3	3	3	3	3	3	3	11	18	18	18	18	18	18									
4	4	4	4	4	3	3	3	3	3	26	21	21	21	21	21	21	21	21	18	17	18	18	11	11	11	11	11	11	18															
3	3	3	3	3	26	26	26	26	26	21	18	18	18	18	18	18	18	18	17	3	11	11	18	18	18	18	18	18																
1	21	21	21	21	21	21	21	21	21	18	17	17	17	17	17	17	17	17	3	18	14	14																						
7	17	17	17	17	18	18	18	18	18	17	11	11	11	11	11	11	11	11	11	11																								
8	18	18	18	18	17	17	17	17	17	14	14	14	14	14	14	14	14	14	14	14																								
4	14	14	14	14	14	14	14	14	14																																			

WERTUNGSPUNKTE

Fahrer: Prost 15, Lauda 9, Rosberg 6, de Angelis 4, Warwick 4, Cheever 3, Patrese 3, Tambay 2, de Cesaris 2, Senna 1, Boutsen 1

Konstrukteure: McLaren 24, Williams 6, Alfa Romeo 6, Renault 6, Lotus 4, Ligier 2, Arrows 1, Toleman 1

Großer Preis von Belgien

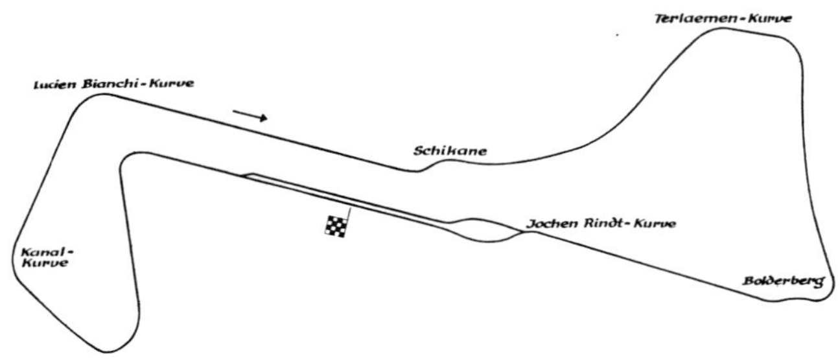

STRECKE

Ort und Datum	**Zolder, 29. April**
Wetter	**trocken, kühl**
Streckenlänge	**4,262 km**
Runden	**70**
Renndistanz	**298,34 km**
Bestehender Rundenrekord	**1.20,214 = 191,278 km/h John Watson, McLaren MP 4 B GP 1982**
GP-Sieger 1983 (Spa-Francorchamps)	**Alain Prost, Renault RE 40 1:27.11,502 = 191,729 km/h**

TRAININGSZEITEN

			27. April	28. April
1	Nelson Piquet	Brabham BT 53	1.16,604	1.24,286
2	Teo Fabi	Brabham BT 53	1.20,193	1.18,848
3	Martin Brundle	Tyrrell 012	1.20,527	1.20,123
4	Stefan Bellof	Tyrrell 012	1.21,003	1.19,811
5	Jacques Laffite	Williams FW 09	1.19,230	1.18,125
6	Keijo Rosberg	Williams FW 09	1.18,617	1.15,414
7	Alain Prost	McLaren MP4/2	1.16,587	1.16,595
8	Niki Lauda	McLaren MP4/2	1.18,831	1.18,071
10	Dr. Jonathan Palmer	RAM 02	1.25,647	1.20,793
11	Elio de Angelis	Lotus 95 T	1.17,705	1.15,979
12	Nigel Mansell	Lotus 95 T	1.17,433	1.16,720
14	Manfred Winkelhock	ATS D 7	1.18,048	1.16,130
15	Patrick Tambay	Renault RE 50	1.18,753	1.17,171
16	Derek Warwick	Renault RE 50	1.16,311	1.15,611
17	Marc Surer	Arrows A 6	1.20,615	1.21,088
18	Thierry Boutsen	Arrows A 7	1.19,164	1.18,351
19	Ayrton Senna	Toleman TG 183 B	1.18,914	1.18,876
20	Johnny Cecotto	Toleman TG 183 B	1.19,537	1.18,321
21	Mauro Baldi	Spirit 101 B	1.23,462	1.20,644
22	Riccardo Patrese	Alfa Romeo 184 T	1.18,052	1.16,431
23	Eddie Cheever	Alfa Romeo 184 T	1.18,401	1.16,746
24	Piercarlo Ghinzani	Osella FA 1 F	1.21,432	1.19,734
25	Francois Hesnault	Ligier JS 23	1.20,439	1.21,493
26	Andrea de Cesaris	Ligier JS 23	1.18,239	1.17,471
27	Michele Alboreto	Ferrari 126 C4	1.18,369	1.14,846
28	Rene Arnoux	Ferrari 126 C4	1.18,017	1.15,398
Nicht qualifiziert:				
9	Philippe Alliot	RAM 02	1.21,253	1.44,990

Training

Ausgerechnet in Zolder kam der McLaren-TAG/Porsche-Expreß plötzlich zum Stehen. Keine 500 Kilometer von Woking/Surrey und Weissach entfernt, gelang es weder den britischen Chassis-Spezialisten noch den schwäbischen Motorenbauern, die MP4/2 ausreichend schnell und zuverlässig zu machen. Schon im Training überwogen Pannen wie ein Motorbrand, ein Getriebeschaden, ein Dreher durch den überraschenden Wiedereinsatz des abgestorbenen Triebwerks und zunächst unerklärliche Zündaussetzer, die den zeitraubenden Austausch der halben Elektrik und Elektronik nach sich zogen. Vor dem Warm-up verweigerte ein frisch eingebauter Motor den Dienst und danach starteten Prost und Lauda aus der vierten und siebten Reihe in ein verlorenes Rennen.

Der McLaren-Einbruch favorisierte jedoch keines der Verfolgerteams. Bei Brabham platzten reihenweise die BMW-Motoren, bei Renault und Lotus überlistete die Stop-and-Go-Charakteristik der Streckenführung die Bordcomputer und bei Williams liefen die Honda-Motoren zu mager. Dazu kamen die allgemeinen Schwierigkeiten mit den Bremsen, den Reifen und der Abstimmung.

Einen bemerkenswerten Aufschwung erlebten dagegen Alboreto und Arnoux. Die Ferrari-Fahrer genossen den neuen Biß ihrer Motoren durch den Austausch der

Start-Ziel-Sieg für Michele Alboreto

noch nicht ausgereiften elektronischen Marelli/Weber-Kraftstoffeinspritzung gegen die alte Lucas-Mechanik und revanchierten sich mit den besten Startplätzen und ihren ersten Punkten.

Rennen

Zum erstenmal in dieser Saison mußte kein Fahrer ersetzt, kein Startplatz mit der Boxenausfahrt vertauscht und auch kein zweiter Start angesetzt werden – kein schwerer Trainingsunfall, keine späte Panne und auch keine Startkarambolage störten den Countdown zum Großen Preis von Belgien. Punkt 14.30 Uhr schoß Alboreto vor Warwick und Arnoux die leicht fallende Start- und Zielgerade hinunter und wedelte dabei von links nach rechts und wieder nach links, um den sofort angreifenden Briten auf der Ideallinie abzublocken. Dahinter kam Winkelhock, der trainingsschnellste BMW-Fahrer, mit de Angelis, Patrese, Prost und Cheever im Schlepp, während Rosberg nach einer kleinen Unachtsamkeit bereits tief im Mittelfeld steckte. Der Finne lag noch hinter Brundle, Bellof und Surer, den letzten drei »Saugern« nach Boutsens Aufstieg in die Turboklasse mit dem brandneuen Arrows-BMW A 7.
Die ersten Runden des Spitzenreiters erinnerten stark an Rio. Schnell verdoppelte und verdreifachte Alboreto wieder seinen Vorsprung vor Warwick und hatte dazu noch das Glück, daß der Ferrari diesmal kein dringend

Rene Arnoux im Zweikampf mit Manfred Winkelhock

GOODYEAR

benötigtes Teil von sich warf. Erstaunlicherweise konnte aber auch Arnoux seinen Vordermann nicht halten, und genauso schwer tat sich Winkelhock mit dem zweiten Ferrari. In der sechsten Runde rissen erneut Zündaussetzer Prost aus dem schönsten Zweikampf mit de Angelis, in der achten legte sich Piquet erfolgreich mit dem Italiener an und in der zehnten tauchte Rosberg bereits auf dem zehnten Platz auf. Die Verfolgungsfahrt des früheren Weltmeisters zählte mit zu den Höhepunkten des Rennens und trug wesentlich zur raschen Tilgung des Begriffs »Economy-run« für diese neue Art der technischen Auseinandersetzung bei.

Während Alboreto weiterhin ungestört seine Runden drehte, auf halbem Weg ohne Platzverlust die Reifen wechselte und den Zeitverlust spielend wieder ausglich, machten sein Stallgefährte und seine Gegner alle Höhen und Tiefen eines solchen Nachmittags durch. So sah sich Winkelhock zuerst als Beute von Piquet, der ihn nach längerem Gefecht energisch auf den fünften Platz verwies, dann als Punktelieferant für den unwiderstehlichen Rosberg und schließlich als Opfer eines schlecht organisierten Boxenstopps mit nachfolgendem Zündschaden. Bei Lauda und Piquet stellten sich in der 31. und 67. Runde die offenbar unvermeidlichen Motorschäden ein, Warwick und Rosberg tauschten zwischen ihren Abstechern zu den Boxen vorübergehend die Plätze und der durch einen Dreher einmal bis ins Mittelfeld zurückgefallene Arnoux fing auf den letzten Metern den trockengelaufenen Finnen ab. Keke Rosberg warf seinem Konstrukteur ein Versagen der Kraftstoffanzeige, Patrick Head seinem Fahrer die Mißachtung von Boxensignalen vor. Die Zweitfahrer von Brabham und Williams schieden durch Unfälle aus, Tambay scheiterte an Leistungsmangel, schiefziehenden Bremsen und herausspringenden Gängen, Boutsen stellte den neuen Arrows-BMW mit Ventilschaden ab – und Bellof holte sich im dritten Rennen den (später leider gestrichenen) ersten Weltmeisterschaftspunkt. Der Gießener profitierte nicht nur von Ausfällen, sondern lieferte sich mit Brundle, Mansell, de Cesaris und de Angelis auch packende Positionskämpfe.

RUNDENTABELLE

			1	2	3	4	5	6	7	8	9	10	11	12	13	14	15	16	17	18	19	20	21	22	23	24	25	26	27	28	29	30
27	Michele Alboreto	Ferrari 126 C4	27	27	27	27	27	27	27	27	27	27	27	27	27	27	27	27	27	27	27	27	27	27	27	27	27	27	27	27	27	27
28	Rene Arnoux	Ferrari 126 C4	16	16	16	16	16	16	16	16	16	16	16	16	16	16	16	16	16	16	16	16	16	16	16	16	16	16	16	16	16	16
6	Keijo Rosberg	Williams FW 09	28	28	28	28	28	28	28	28	28	28	28	28	28	28	28	28	28	28	28	28	28	28	28	28	1	1	1	1	1	1
16	Derek Warwick	Renault RE 50	14	14	14	14	14	14	14	14	14	14	14	14	14	14	14	14	14	14	14	14	14	14	1	1	14	6	6	6	6	6
11	Elio de Angelis	Lotus 95 T	11	11	11	11	(7)	11	11	1	1	1	1	1	1	1	1	1	1	1	1	1	1	1	14	14	6	14	23	(23)	14	14
14	M. Winkelhock	ATS D 7	22	(22)	7	7	11	1	1	11	11	11	11	11	11	11	11	11	11	11	11	11	11	11	11	6	23	23	14	14	11	11
22	Riccardo Patrese	Alfa Romeo 184 T	7	7	1	1	1	23	23	23	23	23	23	23	23	23	23	23	23	23	23	23	23	6	6	23	11	11	11	11	8	26
7	Alain Prost	McLaren MP4/2	23	1	23	23	23	15	15	15	15	15	15	15	15	15	6	6	6	6	6	6	6	23	23	11	(28)	8	8	8	26	(8)
1	Nelson Piquet	Brabham BT 53	1	23	15	15	15	26	26	8	8	8	8	8	8	6	15	8	8	8	8	8	8	8	8	8	8	2	26	26	4	4
12	Nigel Mansell	Lotus 95 T	15	15	26	26	26	8	8	26	26	6	6	6	6	8	8	15	15	2	2	2	2	2	2	2	2	26	4	4	3	3
23	Eddie Cheever	Alfa Romeo 184 T	26	26	8	8	8	18	2	2	6	26	2	2	2	2	2	2	2	15	15	26	26	26	26	26	26	4	2	3	2	2
15	Patrick Tambay	Renault RE 50	8	8	18	18	18	2	6	6	2	2	26	26	24	26	26	26	26	26	26	15	15	15	15	4	4	3	3	2	28	28
26	Andrea de Cesaris	Ligier JS 23	18	18	2	2	2	24	24	24	24	24	24	24	26	4	4	4	4	4	4	3	3	3	4	3	3	28	28	28	19	19
8	Niki Lauda	McLaren MP4/2	2	2	24	24	24	6	12	12	12	12	12	12	4	3	3	3	3	3	3	4	4	4	3	(15)	19	19	19	19	17	17
5	Jacques Laffite	Williams FW 09	24	24	12	12	6	12	4	4	4	4	4	4	3	19	19	19	19	19	19	19	19	19	19	19	17	17	17	17	15	15
20	Johnny Cecotto	Toleman TG 183 B	12	12	4	4	12	4	3	3	3	3	3	3	12	(24)	(5)	17	17	17	17	17	17	17	17	17	15	15	15	15	21	21
18	Thierry Boutsen	Arrows A 7	3	3	3	3	4	3	17	17	5	5	5	19	19	5	17	21	21	21	21	21	21	21	21	21	21	21	21	21	10	10
2	Teo Fabi	Brabham BT 53	4	4	6	6	3	17	5	5	19	19	19	5	5	17	(25)	10	10	10	10	10	10	10	10	10	10	10	10	10		
19	Ayrton Senna	Toleman TG 183 B	17	17	17	17	17	5	19	19	17	17	17	17	17	25	21															
24	Piercarlo Ghinzani	Osella FA 1 F	6	6	5	5	5	19	25	25	25	25	25	25	25	21	10															
4	Stefan Bellof	Tyrrell 012	5	5	25	25	19	25	(18)	21	21	21	21	21	21	10	(18)															
3	Martin Brundle	Tyrrell 012	20	25	19	19	25	21	21	10	10	10	10	10	10	(12)																
25	Francois Hesnault	Ligier JS 23	25	19	21	21	21	10	10	18	18	18	18	18	18	18																
17	Marc Surer	Arrows A 6	19	10	10	10	10																									
21	Mauro Baldi	Spirit 101 B	10	21																												
10	Dr. J. Palmer	RAM 02	21	(20)																												

STARTAUFSTELLUNG

27 Michele Alboreto
1.14,846

6 Keijo Rosberg
1.15,414

11 Elio de Angelis
1.15,979

22 Riccardo Patrese
1.16,431

1 Nelson Piquet
1.16,604

23 Eddie Cheever
1.16,746

26 Andrea de Cesaris
1.17,471

5 Jacques Laffite
1.18,125

18 Thierry Boutsen
1.18,351

19 Ayrton Senna
1.18,876

4 Stefan Bellof
1.19,811

25 Francois Hesnault
1.20,439

21 Mauro Baldi
1.20,644

28 Rene Arnoux
1.15,398

16 Derek Warwick
1.15,611

14 Manfred Winkelhock
1.16,130

7 Alain Prost
1.16,587

12 Nigel Mansell
1.16,720

15 Patrick Tambay
1.17,171

8 Niki Lauda
1.18,071

20 Johnny Cecotto
1.18,321

2 Teo Fabi
1.18,848

24 Piercarlo Ghinzani
1.19,734

3 Martin Brundle
1.20,123

17 Marc Surer
1.20,615

10 Dr. Jonathan Palmer
1.20,793

ERGEBNISSE UND AUSFÄLLE

1. Michele Alboreto	Ferrari 126 C4	1:36.32,048 = 185,430 km/h
2. Derek Warwick	Renault RE 50	1:37.14,434
3. Rene Arnoux	Ferrari 126 C4	1:37.41,851
4. Keijo Rosberg	Williams FW 09	69 Runden, Kraftstoffmangel
5. Elio de Angelis	Lotus 95 T	69 Runden
6. Stefan Bellof*	Tyrrell 012	69 Runden
7. Ayrton Senna	Toleman TG 183 B	68 Runden
8. Patrick Tambay	Renault RE 50	68 Runden
9. Marc Surer	Arrows A 6	68 Runden
10. Nelson Piquet	Brabham BT 53	66 Runden, Motor
11. Dr. Jonathan Palmer	RAM 02	64 Runden
12. Mauro Baldi	Spirit 101 B	53 Runden, Stoßdämpfer
13. Martin Brundle*	Tyrrell 012	51 Runden, Rad verloren
14. Teo Fabi	Brabham BT 53	42 Runden, Dreher
15. Andrea de Cesaris	Ligier JS 23	42 Runden, Unfall
16. Manfred Winkelhock	ATS D 7	39 Runden, Zündung
17. Niki Lauda	McLaren MP4/2	35 Runden, Motor
18. Eddie Cheever	Alfa Romeo 184 T	28 Runden, Turbolader
19. Jacques Laffite	Williams FW 09	15 Runden, Dreher
20. Francois Hesnault	Ligier JS 23	15 Runden, Turbolader
21. Thierry Boutsen	Arrows A 7	15 Runden, Motor
22. Piercarlo Ghinzani	Osella FA 1 F	14 Runden, Kraftübertragung
23. Nigel Mansell	Lotus 95 T	14 Runden, Kupplung
24. Alain Prost	McLaren MP4/2	5 Runden, Elektronik
25. Riccardo Patrese	Alfa Romeo 184 T	2 Runden, Zündung
26. Johnny Cecotto	Toleman TG 183 B	2 Runden, Kupplung

* disqualifiziert

SCHNELLSTE RUNDE (64. Runde)

Rene Arnoux Ferrari 126 C4 1.19,294 = 193,497 km/h

31	32	33	34	35	36	37	38	39	40	41	42	43	44	45	46	47	48	49	50	51	52	53	54	55	56	57	58	59	60	61	62	63	64	65	66	67	68	69	70
27	27	27	27	27	27	27	27	27	27	27	27	27	27	27	27	27	27	27	27	27	27	27	27	27	27	27	27	27	27	27	27	27	27	27	27	27	27	27	27
16	16	16	6	6	6	6	6	6	6	6	6	6	16	16	16	16	16	16	16	16	16	16	16	16	16	16	16	16	16	16	16	16	16	16	16	16	16	16	16
1	6	6	16	16	16	16	16	16	16	16	16	16	1	1	1	1	1	1	1	1	1	1	1	1	1	1	1	1	28	28	28	28	28	6	6	6	6	6	28
6	1	1	1	1	1	1	1	1	1	1	1	1	11	11	11	11	11	11	11	11	11	11	11	28	28	28	28	28	1	1	1	1	6	1	1	28	28	28	
14	14	14	11	11	11	11	11	11	11	11	11	11	4	4	4	4	4	4	4	4	4	4	4	11	6	6	6	6	6	6	6	6	1	28	28	11	11	11	
11	11	11	26	26	4	4	4	4	4	4	4	4	6	6	6	6	6	6	6	6	6	6	6	6	11	11	11	11	11	11	11	11	11	11	11	4	4	4	
26	26	26	4	4	26	2	2	2	2	2	2	28	28	28	28	28	28	28	28	28	28	28	28	4	4	4	4	4	4	4	4	4	4	4	4	19	19		
4	4	4	2	2	2	3	3	3	3	3	3	3	3	3	3	3	3	3	3	3	15	15	15	15	15	15	15	19	19	19	19	19	19	19	19	15	15		
2	2	2	3	3	3	28	28	28	28	28	28	17	17	17	17	17	17	15	15	15	19	19	19	19	19	19	19	15	15	15	15	15	15	15	15	17	17		
3	3	3	28	28	28	14	14	14	26	17	17	15	15	15	15	15	15	17	19	19	17	17	17	17	17	17	17	17	17	17	17	17	17	17	17				
28	28	28	8	14	14	26	26	26	17	26	26	19	19	19	19	19	19	19	17	17	21	21	10	10	10	10	10	10	10	10	10	10	10						
8	8	8	14	8	17	17	17	17	15	15	15	21	21	21	21	21	21	21	21	21	10	10																	
19	19	19	19	17	15	15	15	15	19	19	19	10	10	10	10	10	10	10	10	10																			
17	17	17	17	15	19	19	19	19	21	21	21																												
15	15	15	15	19	10	10	21	21	10	10	10																												
21	21	21	10	10	21	21	10	10																															
10	10	10	21	21																																			

WERTUNGSPUNKTE

Fahrer: Prost 15, Warwick 10, Lauda 9, Alboreto 9, Rosberg 9, de Angelis 6, Arnoux 4, Cheever 3, Patrese 3, de Cesaris 2, Tambay 2, Senna 2, Boutsen 1

Konstrukteure: McLaren 24, Ferrari 13, Renault 12, Williams 9, Lotus 6, Alfa Romeo 6, Ligier 2, Toleman 2, Arrows 1

Großer Preis von San Marino

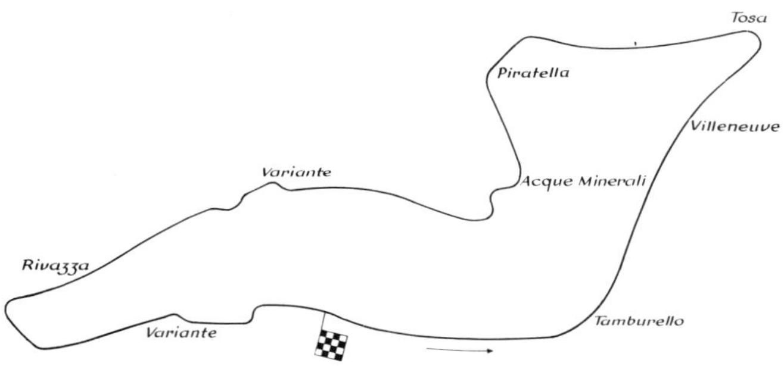

STRECKE

Ort und Datum	**Imola, 6. Mai**
Wetter	**trocken, warm**
Streckenlänge	**5,04 km**
Runden	**60**
Renndistanz	**302,4 km**
Bestehender Rundenrekord	**1.34,437 = 192,128 km/h Riccardo Patrese, Brabham BT 52 GP 1983**
GP-Sieger 1983	**Patrick Tambay, Ferrari 126 C2/B 1:37.52,460 = 185,480 km/h**

TRAININGSZEITEN

			4. Mai	5. Mai
1	Nelson Piquet	Brabham BT 53	1.35,493	1.28,517
2	Teo Fabi	Brabham BT 53	1.37,594	1.30,950
3	Martin Brundle	Tyrrell 012	1.41,123	1.36,531
4	Stefan Bellof	Tyrrell 012	1.39,765	1.36,059
5	Jacques Laffite	Williams FW 09	1.41,891	1.32,600
6	Keijo Rosberg	Williams FW 09	1.37,024	1.29,418
7	Alain Prost	McLaren MP4/2	1.35,687	1.28,628
8	Niki Lauda	McLaren MP4/2	1.38,021	1.30,325
9	Philippe Alliot	RAM 02	1.43,132	1.36,733
10	Dr. Jonathan Palmer	RAM 02	1.53,014	1.37,262
11	Elio de Angelis	Lotus 95 T	1.38,423	1.31,173
12	Nigel Mansell	Lotus 95 T	1.38,363	1.34,477
14	Manfred Winkelhock	ATS D 7	1.47,362	1.30,723
15	Patrick Tambay	Renault RE 50	1.36,250	1.31,663
16	Derek Warwick	Renault RE 50	1.36,706	1.29,628
17	Marc Surer	Arrows A 7	1.42,046	1.33,063
18	Thierry Boutsen	Arrows A 6	1.40,920	1.36,018
20	Johnny Cecotto	Toleman TG 183 B	–	1.35,568
21	Mauro Baldi	Spirit 101 B	1.41,403	1.36,916
22	Riccardo Patrese	Alfa Romeo 184 T	1.40,439	1.31,163
23	Eddie Cheever	Alfa Romeo 184 T	1.42,731	1.30,843
25	Francois Hesnault	Ligier JS 23	1.40,356	1.33,186
26	Andrea de Cesaris	Ligier JS 23	1.36,613	1.31,256
27	Michele Alboreto	Ferrari 126 C4	1.47,919	1.31,282
28	Rene Arnoux	Ferrari 126 C4	1.38,389	1.30,411
30	Jo Gartner	Osella FA 1 E	1.50,979	1.38,948

Nicht qualifiziert:

24	Piercarlo Ghinzani	Osella FA 1 F	1.40,790	2.05,421
19	Ayrton Senna	Toleman TG 183 B	–	1.41,585

BMW und Porsche in der Höhle des Löwen

Training

Nach dem Ferrari-Comeback in Zolder zogen die Konkurrenten nicht eben frohen Muts über die Alpen. Imola war schon immer ein heißes Pflaster für alle, die gegen das Team aus der Nachbarschaft fuhren – und nun diese Situation.
Doch die Modeneser machten wenig daraus. Von Anfang an regierten im Autodromo Dino Ferrari die »Trainingssieger« und wirklichen Sieger der Übersee-runde, und als im zweiten Zeittraining zwischendurch Arnoux einmal nach der Pole-position griff, riskierte bei Prosts Start zur Konterattacke sogar Hans Mezger ein kesses: »Jetzt zeigt er ihm, wo Barthel den Most holt.« Nur hieß Barthel später Piquet...
Während also die Big Shots von Brabham, McLaren, Williams und Renault die an beiden Trainingstagen nur einmal aufwallende Begeisterung der Tifosi schnell wieder dämpften, verdienten auch Geringere auf der laufend korrigierten Qualifikationsliste einige Aufmerksamkeit. Dazu gehörten Winkelhock und Bellof mit ihren leistungsgerechten Plazierungen, Marc Surer, der diesmal den bisher einzigen Arrows-BMW fuhr, und der am Freitag erstaunlich wasserfeste Hesnault. Die größten Sympathien aber genoß Jo Gartner auf dem Uralt-Sauger Osella FA1 E-Alfa Romeo-V12. Begünstigt durch den eintägigen Streik des Toleman-Teams, das seine vorzeitige Entlassung aus dem Reifenvertrag mit Pirelli erzwang, verdrängte der 30jährige Wiener die Turbofahrer Ghinzani und Senna vom letzten Startplatz.

Rennen

Das Rennen begann wieder einmal turbulent. Ligier-Fahrer de Cesaris startete – fast schon gewohnheitsmäßig – an den Boxen, weil sein Renault V6 beim Anwärmen nur auf drei Zylindern lief. Auf der Piste sortierte Lauda noch die Gänge, als Prost, Piquet, Warwick, Arnoux, Winkelhock und Patrese bereits den zweiten oder dritten schalteten, und zwischen dem lospreschenden Sextett und dem stationären Österreicher klebte Rosberg mit willkürlichem cut-in und cut-out der empfindlichen Honda-Zündelektronik. Im Stau dahinter berührten sich Hesnault und Laffite mit den

Paul Rosche (oben) und Hans Mezger konstruierten die deutschen Turbomotoren. TTEP01 auf dem Nummernschild eines Marlboro-Motorhome erinnerte an TAG Turbo Engines Project 01

Rädern und in der nahen Tosa kollidierte Cheever mit Tambay. Das Resultat waren Aufhängungsbrüche am Ligier und Renault sowie ein platter Hinterreifen am Alfa Romeo.
Alain Prost wagte keine zweite Kraftprobe mit Piquet. Der Franzose startete auf weicheren Reifen, da Brabham den vor vier Jahren selbst eingeführten routinemäßigen Reifenwechsel seit Zolder nicht mehr praktizierte, und lag nach wenigen Runden schon weit vor dem Brasilianer. Im Windschatten von Piquet witterte auch Warwick seine Chance, während Winkelhock kurz im Ferrari-Sandwich steckte und dann in die Verfolgergruppe von Lauda, Fabi, de Angelis, Brundle und de Cesaris abdriftete. Keke Rosberg drehte sich bei einem weiteren cut-out und stieg auf freier Strecke aus.
Obwohl Prost der neuen Taktik von Brabham möglichst viel Vorsprung für den eigenen Reifenwechsel entgegenzusetzen versuchte, war er nicht immer der Schnellste. Manchmal hinderten ihn Nachzügler wie der beim Start angeschobene »Doc« Palmer daran, mitunter aber auch Kollegen, für die es gerade um größere Platz- oder Zeitgewinne ging. Die größte relative Annäherung gelang Lauda, der sich nach der Passage von Winkelhock umgehend auf die Ferrari-Fahrer stürzte und sie zum neuerlichen Entsetzen der Fans in der zwölften und 13. Runde überholte. Bedauerlicherweise überforderten er und Alboreto dabei ihre Motoren und schieden wenig später aus.
Reifenwechsel oder »do a Brabham« – das war in Imola noch keine Frage. Prost gewann einen Vorsprung, daß Piquet ihn nicht einmal nach dem Boxenstopp zu sehen bekam, und das änderte sich auch nicht durch einen Zwischenspurt des Brasilianers mit neuem Rundenrekord in der 48. Runde. In der 49. erwischte es beide Brabham-Fahrer wieder mit überhitzten Turboladern.
Der Ausfall des amtierenden Weltmeisters brachte endlich Bewegung in die Kulisse. Zum erstenmal in diesen freudlosen Tagen zeichnete sich ein Teilerfolg für die Forza-Ferrari ab, und mit etwas Glück konnte sogar noch mehr daraus werden. Kraftstoffmangel hatte bereits Warwick in die Fänge von Arnoux getrieben, und dann drehte sich Prost um ein blockierendes Vorderrad. Doch der Franzose fing den McLaren wieder und verweigerte den 120000 seinen Beitrag zum totalen Wohlbefinden. Auf dem fünften Platz sicherte sich Stefan Bellof vorläufig zwei weitere Weltmeisterschaftspunkte.

RUNDENTABELLE

1	Nelson Piquet	Brabham BT 53
7	Alain Prost	McLaren MP4/2
6	Keijo Rosberg	Williams FW 09
16	Derek Warwick	Renault RE 50
8	Niki Lauda	McLaren MP4/2
28	Rene Arnoux	Ferrari 126 C4
14	M. Winkelhock	ATS D 7
23	Eddie Cheever	Alfa Romeo 184 T
2	Teo Fabi	Brabham BT 53
22	Riccardo Patrese	Alfa Romeo 184 T
11	Elio de Angelis	Lotus 95 T
26	Andrea de Cesaris	Ligier JS 23
27	Michele Alboreto	Ferrari 126 C4
15	Patrick Tambay	Renault RE 50
5	Jacques Laffite	Williams FW 09
17	Marc Surer	Arrows A 7
25	Francois Hesnault	Ligier JS 23
12	Nigel Mansell	Lotus 95 T
20	Johnny Cecotto	Toleman TG 183 B
18	Thierry Boutsen	Arrows A 6
4	Stefan Bellof	Tyrrell 012
3	Martin Brundle	Tyrrell 012
9	Philippe Alliot	RAM 02
21	Mauro Baldi	Spirit 101 B
10	Dr. J. Palmer	RAM 02
30	Jo Gartner	Osella FA 1 E

1	2	3	4	5	6	7	8	9	10	11	12	13	14	15	16	17	18	19	20	21	22	23	24	25	26	27	28	29	30
7	7	7	7	7	7	7	7	7	7	7	7	7	7	7	7	7	7	7	7	7	7	7	7	7	7	7	7	7	[illegible]
1	1	1	1	1	1	1	1	1	1	1	1	1	1	1	1	1	1	1	1	1	16	16	16	16	16	1	1	1	[illegible]
16	16	16	16	16	16	16	16	16	16	16	16	16	16	16	16	16	16	16	16	16	1	1	1	1	1	16	16	16	[illegible]
28	28	28	28	28	28	28	28	28	28	28	28	8	8	8	28	28	28	28	28	27	27	27	(27)	2	2	2	2	2	[illegible]
14	14	27	27	27	27	27	27	27	27	27	8	28	28	28	27	27	27	27	27	(28)	2	2	2	28	28	28	28	28	[illegible]
27	27	14	14	14	14	14	8	8	8	8	27	27	27	27	2	2	2	2	2	2	28	28	28	11	11	(11)	26	26	[illegible]
22	22	22	22	8	8	8	14	14	14	14	14	14	14	14	14	14	14	14	14	14	11	11	11	14	26	26	3	3	[illegible]
11	11	11	8	22	2	2	2	2	2	2	2	2	2	2	11	11	11	11	11	11	14	14	14	26	14	14	14	14	[illegible]
2	2	8	11	2	22	11	11	11	11	11	11	11	11	11	3	26	26	26	26	26	26	26	26	3	3	3	17	11	[illegible]
8	8	2	2	11	11	3	3	3	3	3	3	3	3	3	26	3	3	3	3	3	3	3	3	17	17	17	11	17	[illegible]
18	3	3	3	3	3	17	26	26	26	26	26	26	26	26	17	17	17	17	17	17	17	17	17	4	4	4	4	4	[illegible]
3	18	18	17	17	17	26	17	17	17	17	17	17	17	17	4	4	4	4	4	4	4	4	4	23	23	23	23	23	[illegible]
17	17	17	18	4	26	4	4	4	4	4	4	4	4	4	18	18	23	23	23	23	23	23	23	18	18	18	18	18	[illegible]
4	4	4	26	26	4	18	18	5	5	5	18	18	18	18	20	23	18	18	18	18	18	18	18	20	20	20	20	20	[illegible]
20	20	26	4	18	18	5	5	18	18	18	20	20	20	20	23	20	20	20	20	20	20	20	20	21	21	21	21	21	[illegible]
12	12	20	20	20	20	20	20	20	20	20	23	23	23	23	21	21	21	21	21	21	21	21	21	10	10	10	10	10	[illegible]
26	26	5	5	5	5	(22)	21	21	21	21	21	21	21	21	9	9	9	9	9	9	9	10	10	9	9	9	9	9	[illegible]
21	6	21	21	21	21	21	9	9	23	23	9	9	9	9	10	10	10	10	10	10	10	9	9	30	30	30	30	30	[illegible]
6	21	9	9	9	9	9	23	23	9	9	(5)	30	10	10	30	30	30	30	30	30	30	30	30						
5	5	30	30	30	30	30	30	30	30	30	30	10	30	30															
9	9	10	10	23	23	23	10	10	10	10	10																		
30	30	23	23	10	10	10																							
10	10																												
(23)	23																												

STARTAUFSTELLUNG

1	Nelson Piquet 1.28,517	7	Alain Prost 1.28,628
6	Keijo Rosberg 1.29,418	16	Derek Warwick 1.29,682
8	Niki Lauda 1.30,325	28	Rene Arnoux 1.30,411
14	Manfred Winkelhock 1.30,723	23	Eddie Cheever 1.30,843
2	Teo Fabi 1.30,950	22	Riccardo Patrese 1.31,163
11	Elio de Angelis 1.31,173	26	Andrea de Cesaris* 1.31,256
27	Michele Alboreto 1.31,282	15	Patrick Tambay 1.31,663
5	Jacques Laffite 1.32,600	17	Marc Surer 1.33,063
25	Francois Hesnault 1.33,186	12	Nigel Mansell 1.34,477
20	Johnny Cecotto 1.35,568	18	Thierry Boutsen 1.36,018
4	Stefan Bellof 1.36,059	3	Martin Brundle 1.36,531
9	Philippe Alliot 1.36,733	21	Mauro Baldi 1.36,916
10	Dr. Jonathan Palmer 1.37,262	30	Jo Gartner 1.38,948

* von den Boxen aus gestartet

ERGEBNISSE UND AUSFÄLLE

1. Alain Prost	McLaren MP4/2	1:36.53,679 = 187,254 km/h
2. Rene Arnoux	Ferrari 126 C4	1:37.07,095
3. Elio de Angelis	Lotus 95 T	59 Runden, Kraftstoffmangel
4. Derek Warwick	Renault RE 50	59 Runden
5. Stefan Bellof*	Tyrrell 012	59 Runden
6. Thierry Boutsen	Arrows A 6	59 Runden
7. Andrea de Cesaris	Ligier JS 23	58 Runden, Kraftstoffmangel
8. Eddie Cheever	Alfa Romeo 184 T	58 Runden, Kraftstoffmangel
9. Mauro Baldi	Spirit 101 B	58 Runden
10. Dr. Jonathan Palmer	RAM 02	57 Runden
11. Martin Brundle*	Tyrrell 012	55 Runden, Kraftstoffzufuhr
12. Philippe Alliot	RAM 02	53 Runden, Turbolader
13. Johnny Cecotto	Toleman TG 183 B	52 Runden, Turbolader
14. Nelson Piquet	Brabham BT 53	49 Runden, Turbolader
15. Teo Fabi	Brabham BT 53	49 Runden, Turbolader
16. Jo Gartner	Osella FA 1 E	47 Runden, Motor
17. Marc Surer	Arrows A 7	40 Runden, Turbolader
18. Manfred Winkelhock	ATS D 7	31 Runden, Motor
19. Michele Alboreto	Ferrari 126 C4	24 Runden, Motor
20. Niki Lauda	McLaren MP4/2	15 Runden, Motor
21. Jacques Laffite	Williams FW 09	12 Runden, Motor
22. Riccardo Patrese	Alfa Romeo 184 T	7 Runden, Motor
23. Nigel Mansell	Lotus 95 T	2 Runden, Bremsen
24. Keijo Rosberg	Williams FW 09	2 Runden, Zündung
25. Patrick Tambay	Renault RE 50	Startrunde, Kollision mit Cheever
26. Francois Hesnault	Ligier JS 23	Startrunde, Kollision mit Laffite

* disqualifiziert

SCHNELLSTE RUNDE (48. Runde)

Nelson Piquet — Brabham BT 53 — 1.33,275 = 194,521 km/h

31	32	33	34	35	36	37	38	39	40	41	42	43	44	45	46	47	48	49	50	51	52	53	54	55	56	57	58	59	60
7	7	7	7	7	7	7	7	7	7	7	7	7	7	7	7	7	7	7	7	7	7	7	7	7	7	7	7	7	7
1	1	1	1	1	1	1	1	1	1	1	1	1	1	1	1	1	1	28	28	28	28	28	28	28	28	28	28	28	28
16	16	16	16	16	16	16	16	16	28	28	28	28	28	28	28	28	28	①	16	26	26	26	26	26	26	26	11	11	
28	28	28	28	28	28	28	28	28	16	16	16	16	16	16	16	16	16	16	26	16	11	11	11	11	11	11	26	16	
2	2	2	2	2	2	2	2	2	2	2	2	2	2	2	2	2	2	26	11	11	16	16	16	16	16	16	16	4	
26	26	26	26	26	26	26	26	26	26	26	26	26	26	26	26	26	26	11	23	23	23	23	23	23	23	23	23	18	
3	3	3	3	3	3	3	3	11	11	11	11	11	11	11	11	11	11	23	4	4	4	4	4	④	4	4	4		
11	11	11	11	11	11	11	11	3	3	3	23	23	23	23	23	23	23	4	3	3	3	3	3	3	18	18	18		
23	23	23	23	23	23	23	23	23	23	23	3	3	3	3	3	4	4	②	18	18	18	18	18	18	21	21	21		
4	4	4	4	4	4	4	4	4	4	4	4	4	4	4	4	③	3	3	21	21	21	21	21	21	10	10'			
14	17	17	17	17	17	17	17	17	17	18	18	18	18	18	18	18	18	18	20	20	20	10	10	10					
17	18	18	18	18	18	18	18	18	18	20	20	20	20	20	20	20	21	21	10	10	10	9							
18	20	20	⑳	21	21	21	21	21	21	21	21	21	21	21	21	21	⑳	20	9	9	9								
20	21	21	21	20	20	20	20	20	20	30	10	10	10	10	10	10	10	10											
21	⑨	10	30	30	30	30	30	30	30	10	30	30	30	30	30	9	9	9											
⑩	30	9	10	10	10	10	10	10	10	9	9	9	9	9	9	㉚													
9	10	30	9	9	9	9	9	9	9																				
30																													

WERTUNGSPUNKTE

Fahrer: Prost 24, Warwick 13, de Angelis 10, Arnoux 10, Lauda 9, Alboreto 9, Rosberg 9, Cheever 3, Patrese 3, de Cesaris 3, Boutsen 3, Tambay 2, Senna 2

Konstrukteure: McLaren 33, Ferrari 19, Renault 15, Lotus 10, Williams 9, Alfa Romeo 6, Ligier 3, Arrows 3, Toleman 2

Großer Preis von Frankreich

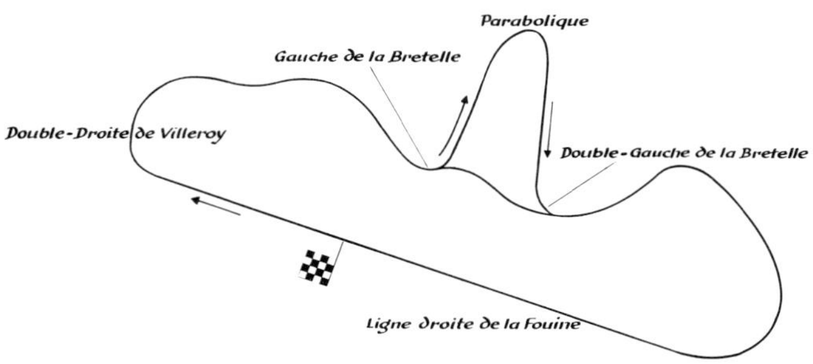

STRECKE

Ort und Datum	**Dijon-Prenois, 20. Mai**
Wetter	**trocken, kühl**
Streckenlänge	**3,887 km**
Runden	**79**
Renndistanz	**307,073 km**
Bestehender Rundenrekord	**1.07,477 = 202,735 km/h Alain Prost, Renault RE 30 B GP der Schweiz 1982**
GP-Sieger 1983 (Le Castellet)	**Alain Prost, Renault RE 40 1:34.13,913 = 199,866 km/h**

TRAININGSZEITEN

			18. Mai	19. Mai
1	Nelson Piquet	Brabham BT 53	1.02,806	1.30,893
2	Teo Fabi	Brabham BT 53	1.06,370	–
3	Martin Brundle	Tyrrell 012	1.09,554	1.28,555
4	Stefan Bellof	Tyrrell 012	1.08,608	1.29,539
5	Jacques Laffite	Williams FW 09	1.05,410	1.27,917
6	Keijo Rosberg	Williams FW 09	1.02,908	1.30,872
7	Alain Prost	McLaren MP4/2	1.02,982	1.25,397
8	Niki Lauda	McLaren MP4/2	1.04,419	1.25,567
9	Philippe Alliot	RAM 02	1.09,447	–
10	Dr. Jonathan Palmer	RAM 02	1.09,047	–
11	Elio de Angelis	Lotus 95 T	1.02,336	1.20,859
12	Nigel Mansell	Lotus 95 T	1.03,200	1.20,061
14	Manfred Winkelhock	ATS D 7	1.03,865	1.28,393
15	Patrick Tambay	Renault RE 50	1.02,200	1.24,855
16	Derek Warwick	Renault RE 50	1.03,540	1.23,363
17	Marc Surer	Arrows A 6	1.08,457	1.26,943
18	Thierry Boutsen	Arrows A 7	1.05,972	1.25,252
19	Ayrton Senna	Toleman TG 184	1.05,744	1.28,225
20	Johnny Cecotto	Toleman TG 184	1.08,189	1.31,359
21	Mauro Baldi	Spirit 101 B	1.09,629	1.31,021
22	Riccardo Patrese	Alfa Romeo 184 T	1.06,172	1.28,124
23	Eddie Cheever	Alfa Romeo 184 T	1.06,281	1.23,770
24	Piercarlo Ghinzani	Osella FA 1 F	1.11,625	1.32,541
25	Francois Hesnault*	Ligier JS 23	1.05,850	1.22,272
27	Michele Alboreto	Ferrari 126 C4	1.04,459	1.22,749
28	Rene Arnoux	Ferrari 126 C4	1.04,917	1.22,707
Nicht qualifiziert:				
26	Andrea de Cesaris	Ligier JS 23	1.04,137**	1.22,388

* Startverzicht zugunsten von de Cesaris
** Zeit ungültig

Training

Wie die Rennen in Italien wurden auch jene in Frankreich vorzugsweise von Einheimischen gewonnen, und was es den Fremden in Le Castellet und Dijon noch schwerer als in Monza und Imola machte, war der unglaubliche Ernst, mit dem die Gastgeber dabei zur Sache gingen. Es gab Jahre, da drohte dem Werksteam von Renault bei einer Niederlage sogar die Schließung, und genau die Töne klangen nach dem teutonischen Einbruch in die gallische Turbo-Phalanx verstärkt wieder an. BMW oder TAG/Porsche mit auf dem Siegerpodest – das durfte nicht sein.
Zunächst beherrschten die Franzosen auch ihre Gegner. Im ersten Zeittraining knüppelte Tambay seinen Renault, bis er mit brennendem Triebwerk auf der Poleposition stand, und Renault-Motoren trieben die Lotus-Fahrer de Angelis und Mansell auf den zweiten und sechsten Platz. Nur Warwick, die heimliche Nummer eins des französischen Teams, hatte das Pech eines frühen Motorschadens und kam mit dem Reservewagen nicht klar. Das zweite Zeittraining ertrank in strömendem Regen.

Rennen

Patrick Tambay, der vergangenes Jahr noch auf Ferrari bis zuletzt um die Weltmeisterschaft gekämpft hatte, schien auch das Rennen für sich, Renault und Frank-

Lange hält Patrick Tambay dem Ansturm von Niki Lauda nicht mehr stand

reich entscheiden zu können. Ein Start, wie er – trotz schleifender Kupplung – selbst einem Fahrer seines Formats nur selten gelang, trug ihn weit vor de Angelis, Mansell, Rosberg, Piquet, Warwick, Prost, Alboreto, Winkelhock und Lauda in die erste Runde hinein, und mit dem doppelten Vorsprung kam er daraus zurück. Zwischen Lauda und Arnoux versuchte sich Senna mit dem neuen Toleman TG 184 und dahinter Boutsen mit dem wieder turnusmäßig gewechselten Arrows-BMW.

Die Lage an der Spitze änderte sich jedoch schlagartig, als Prost und Lauda die wenig kooperativen Piquet, Warwick, Mansell und de Angelis in sehenswerten Einzelaktionen niedergerungen und damit die Jagd auf Tambay eröffnet hatten. Von der 18. Runde an nahm der bei acht Sekunden festgefahrene Vorsprung des Renault-Piloten in beängstigender Weise ab und stabilisierte sich auch nicht während eines Boxenstopps, den Prost wegen der losen Verschraubung der linken vorderen Bremsscheibe einlegen mußte. Niki Lauda schloß die Lücke, setzte Tambay eine Zeitlang unter Druck und überholte ihn unter den gellenden Pfiffen der 90000 Zuschauer in der 41. Runde.

Da der Führungswechsel nur wenige Runden vor den planmäßigen Reifenwechseln erfolgte und die französische Boxenmannschaft etwas schneller arbeitete als die britische, kam Tambay zwischen der 55. und 62. Runde noch einmal nach vorn. Immer stärkeres Bremsfading, das ihm schon in der ersten Rennhälfte zu schaffen gemacht hatte, und der große Durst des Renault-Motors ließen ihm aber keine Chance gegen Lauda, für den es inzwischen nicht nur um einen weiteren Sieg, sondern auch um die Rangfolge im Team ging. Schon war von großen internen Spannungen die Rede, von bald einsetzender Stallregie zugunsten des noch um 15 Punkte besseren Prost.

Während Lauda sich also neun Punkte dazuverdiente und Tambay den von seinen Landsleuten kaum noch honorierten zweiten Platz vor Mansell, Arnoux und de Angelis ins Ziel rettete, hatten andere aus der früheren Spitzengruppe weniger Glück. So verloren Rosberg und Prost durch heftiges Untersteuern und erneute Vibrationen des linken Vorderrads mehr als eine Runde. Derek Warwick eliminierte sich selbst und Surer bei einem schlecht getimten Überrundungsmanöver und Winkelhock, Piquet und Alboreto schieden zwischen der siebten und 34. Runde mit Kupplungs-, Lader- und Motorschaden aus.

RUNDENTABELLE

			1	2	3	4	5	6	7	8	9	10	11	12	13	14	15	16	17	18	19	20	21	22	23	24	25	26	27	28	29	30	3[illegible]
15	Patrick Tambay	Renault RE 50	15	15	15	15	15	15	15	15	15	15	15	15	15	15	15	15	15	15	15	15	15	15	15	15	15	15	15	15	15	15	[illegible]
11	Elio de Angelis	Lotus 95 T	11	11	11	11	11	11	11	11	11	11	11	11	11	11	11	11	11	7	7	7	7	7	7	7	7	7	7	8	8	8	[illegible]
1	Nelson Piquet	Brabham BT 53	12	12	12	12	12	12	12	12	12	12	12	12	12	7	7	7	7	11	11	11	8	8	8	8	8	8	8	(7)	11	11	[illegible]
6	Keijo Rosberg	Williams FW 09	6	6	16	16	16	7	7	7	7	7	7	7	7	12	12	12	8	8	8	8	11	11	11	11	11	11	11	11	12	16	[illegible]
7	Alain Prost	McLaren MP4/2	1	16	6	1	7	16	16	16	16	16	16	16	16	16	8	8	12	12	12	12	12	12	12	12	12	12	12	12	16	28	[illegible]
12	Nigel Mansell	Lotus 95 T	16	1	1	7	1	1	1	1	1	1	1	8	8	8	16	16	16	16	16	16	16	16	16	16	16	16	16	16	28	(12)	
16	Derek Warwick	Renault RE 50	7	7	7	8	8	8	8	8	8	8	8	28	28	28	28	28	28	28	28	28	28	28	28	28	28	28	28	28	6	6	[illegible]
14	M. Winkelhock	ATS D 7	27	27	8	6	6	6	28	28	28	28	28	6	6	6	6	6	6	6	6	6	6	6	6	6	6	6	6	6	2	2	[illegible]
8	Niki Lauda	McLaren MP4/2	14	8	27	27	28	28	6	6	6	6	6	27	27	27	27	27	27	27	27	27	27	27	27	2	2	2	2	2	19	19	[illegible]
27	Michele Alboreto	Ferrari 126 C4	8	14	28	28	27	27	27	27	27	27	27	2	2	2	2	2	2	2	2	2	2	2	2	(27)	19	19	19	19	5	5	[illegible]
28	Rene Arnoux	Ferrari 126 C4	19	19	19	19	19	19	19	2	2	2	2	19	19	19	19	19	19	19	19	19	19	19	19	19	5	5	5	5	7	7	[illegible]
5	Jacques Laffite	Williams FW 09	28	28	18	18	18	2	2	19	19	19	19	18	18	18	18	18	18	18	18	18	18	18	18	18	18	18	18	18	18	18	[illegible]
19	Ayrton Senna	Toleman TG 184	18	18	2	2	2	18	18	18	18	18	18	22	22	22	23	23	23	23	23	23	23	23	23	5	23	26	26	26	26	27	[illegible]
18	Thierry Boutsen	Arrows A 7	22	2	22	22	22	22	22	22	22	22	22	23	23	23	26	26	26	26	26	26	26	26	5	23	26	23	23	23	27	26	[illegible]
22	Riccardo Patrese	Alfa Romeo 184 T	23	22	23	23	23	23	23	23	23	23	23	26	26	26	22	3	5	5	5	5	5	5	26	26	3	3	27	27	23	23	[illegible]
23	Eddie Cheever	Alfa Romeo 184 T	2	23	5	5	5	5	5	5	5	5	5	5	3	3	3	5	3	3	3	3	3	3	3	3	27	27	3	(3)	17	17	[illegible]
2	Teo Fabi	Brabham BT 53	5	5	4	4	4	4	4	4	4	4	(4)	3	5	5	5	20	20	20	20	20	20	(20)	17	17	17	17	17	17	24	24	[illegible]
20	Johnny Cecotto	Toleman TG 184	4	4	3	3	26	26	26	26	26	26	26	20	20	20	20	17	17	17	17	17	17	17	24	24	24	24	24	24	21	21	[illegible]
17	Marc Surer	Arrows A 6	3	3	20	26	3	3	3	3	3	3	3	(1)	17	17	17	(22)	24	24	24	24	24	24	21	21	21	21	21	21	3	3	[illegible]
4	Stefan Bellof	Tyrrell 012	20	20	26	20	20	20	20	20	20	20	20	17	24	24	24	24	21	21	21	21	21	21	10	10	10	10	10	10	10	10	[illegible]
10	Dr. J. Palmer	RAM 02	26	26	17	17	17	17	17	17	17	17	17	24	21	21	21	21	(10)	10	10	10	10	10									
9	Philippe Alliot	RAM 02	17	17	24	24	24	24	24	24	24	24	24	21	10	10	10	10															
3	Martin Brundle	Tyrrell 012	24	24	21	21	21	21	21	21	21	21	21	10																			
21	Mauro Baldi	Spirit 101 B	9	9	9	(9)	10	10	10	10	10	10	10																				
24	Piercarlo Ghinzani	Osella FA 1 F	21	21	10	10	14	(14)																									
26	Andrea de Cesaris	Ligier JS 23	10	10	(14)	14																											

STARTAUFSTELLUNG

11 Elio de Angelis 1.02,336
6 Keijo Rosberg 1.02,908
12 Nigel Mansell 1.03,200
14 Manfred Winkelhock 1.03,865
27 Michele Alboreto 1.04,459
5 Jacques Laffite 1.05,410
18 Thierry Boutsen 1.05,972
23 Eddie Cheever 1.06,281
20 Johnny Cecotto 1.08,189
4 Stefan Bellof 1.08,608
9 Philippe Alliot 1.09,447
21 Mauro Baldi 1.09,629
26 Andrea de Cesaris 1.22,388

15 Patrick Tambay 1.02,200
1 Nelson Piquet 1.02,806
7 Alain Prost 1.02,982
16 Derek Warwick 1.03,540
8 Niki Lauda 1.04,419
28 Rene Arnoux 1.04,917
19 Ayrton Senna 1.05,744
22 Riccardo Patrese 1.06,172
2 Teo Fabi 1.06,370
17 Marc Surer 1.08,457
10 Dr. Jonathan Palmer 1.09,047
3 Martin Brundle 1.09,554
24 Piercarlo Ghinzani 1.11,625

ERGEBNISSE UND AUSFÄLLE

1.	Niki Lauda	McLaren MP4/2	1:31.11,951 = 202,023 km/h
2.	Patrick Tambay	Renault RE 50	1:31.19,105
3.	Nigel Mansell	Lotus 95 T	1:31.35,920
4.	Rene Arnoux	Ferrari 126 C4	1:31.55,657
5.	Elio de Angelis	Lotus 95 T	1:32.18,076
6.	Keijo Rosberg	Williams FW 09	78 Runden
7.	Alain Prost	McLaren MP4/2	78 Runden
8.	Jacques Laffite	Williams FW 09	78 Runden
9.	Teo Fabi	Brabham BT 53	78 Runden
10.	Andrea de Cesaris	Ligier JS 23	77 Runden
11.	Thierry Boutsen	Arrows A 7	77 Runden
12.	Martin Brundle*	Tyrrell 012	76 Runden
13.	Piercarlo Ghinzani	Osella FA 1 F	74 Runden
14.	Dr. Jonathan Palmer	RAM 02	72 Runden
15.	Mauro Baldi	Spirit 101 B	63 Runden, Motor
16.	Derek Warwick	Renault RE 50	53 Runden, Kollision mit Surer
17.	Marc Surer	Arrows A 6	51 Runden, Kollision mit Warwick
18.	Eddie Cheever	Alfa Romeo 184 T	51 Runden, Dreher
19.	Ayrton Senna	Toleman TG 184	36 Runden, Turbolader
20.	Michele Alboreto	Ferrari 126 C4	33 Runden, Motor
21.	Johnny Cecotto	Toleman TG 184	22 Runden, Turbolader
22.	Riccardo Patrese	Alfa Romeo 184 T	16 Runden, Motor
23.	Nelson Piquet	Brabham BT 53	12 Runden, Turbolader
24.	Stefan Bellof*	Tyrrell 012	11 Runden, Getriebe
25.	Manfred Winkelhock	ATS D 7	6 Runden, Kupplung
26.	Philippe Alliot	RAM 02	4 Runden, Turbolader

* disqualifiziert

SCHNELLSTE RUNDE (59. Runde)

Alain Prost McLaren MP4/2 1.05,257 = 214,432 km/h

34	35	36	37	38	39	40	41	42	43	44	45	46	47	48	49	50	51	52	53	54	55	56
15	15	15	15	15	15	15	8	8	8	8	8	8	8	8	8	8	8	8	8	(8)	15	15
8	8	8	8	8	8	8	15	15	15	(15)	15	15	15	15	15	15	15	15	15	15	8	8
11	11	11	(11)	6	12	12	12	12	12	12	12	12	12	12	12	12	12	12	12	12	12	12
(16)	6	6	6	12	6	6	6	6	16	16	16	16	16	16	16	16	16	16	(16)	7	7	7
6	12	12	12	11	16	16	16	16	6	6	6	7	7	7	7	7	7	7	7	11	11	11
12	2	2	16	16	11	11	11	11	11	7	7	11	11	11	11	11	11	11	11	28	28	28
2	16	16	2	7	7	7	7	7	7	11	11	28	28	28	28	28	28	28	28	6	6	6
28	28	28	7	2	2	2	28	28	28	28	28	(6)	5	5	5	(5)	6	6	6	5	5	5
7	7	7	28	28	28	28	2	2	2	2	2	5	6	6	6	6	5	5	5	2	2	2
19	19	5	5	5	5	5	5	5	5	5	5	(2)	26	26	26	26	26	2	2	26	26	26
5	5	18	18	18	18	26	26	26	26	26	26	26	23	23	23	23	2	26	26	18	18	18
18	18	26	26	26	26	23	23	23	23	23	23	23	2	2	2	2	(23)	18	18	3	3	3
26	26	23	23	23	23	(18)	18	18	18	18	18	18	18	18	18	18	18	3	3	24	24	21
23	23	17	17	17	17	17	17	17	17	17	17	17	17	17	17	17	(17)	24	24	21	21	24
17	17	24	24	24	24	3	3	3	3	3	3	3	3	3	3	3	3	21	21	10	10	10
24	24	21	21	(21)	3	(24)	24	24	24	24	24	24	24	24	24	24	24	10	10			
21	21	3	3	3	(21)	21	21	21	21	21	21	21	21	21	21	21	21					
3	3	(19)	10	10	10	10	10	10	10	10	10	10	10	10	10	10	10					
10	10	10																				

57	58	59	60	61	62	63	64	65	66	67	68	69	70	71	72	73	74	75	76	77	78	79
15	15	15	15	15	8	8	8	8	8	8	8	8	8	8	8	8	8	8	8	8	8	8
8	8	8	8	8	15	15	15	15	15	15	15	15	15	15	15	15	15	15	15	15	15	15
12	12	12	12	12	12	12	12	12	12	12	12	12	12	12	12	12	12	12	12	12	12	12
11	11	11	11	11	28	28	28	28	28	28	28	28	28	28	28	28	28	28	28	28	28	28
28	28	28	28	28	11	11	11	11	11	11	11	11	11	11	11	11	11	11	11	11	11	11
(7)	6	6	6	6	6	6	6	6	6	6	6	6	6	6	6	6	6	6	6	6	6	
6	5	5	5	5	5	5	5	5	5	5	5	5	5	7	7	7	7	7	7	7	7	
5	2	2	2	2	2	2	2	2	2	2	2	7	7	5	5	5	5	5	5	5	5	
2	26	26	7	7	7	7	7	7	7	7	7	2	2	2	2	2	2	2	2	2	2	
26	7	7	26	26	26	26	26	26	26	26	26	26	26	26	26	26	26	26	26	26		
18	18	18	18	18	18	18	18	18	18	18	18	18	18	18	18	18	18	18	18	18		
3	3	3	3	3	3	3	3	3	3	3	3	3	3	3	3	3	3	3	3			
21	21	21	21	21	21	(21)	24	24	24	24	24	24	24	24	24	24	24					
24	24	24	24	24	24	24	10	10	10	10	10	10	10	10	10							
10	10	10	10	10	10	10																

WERTUNGSPUNKTE

Fahrer: Prost 24, Lauda 18, Warwick 13, Arnoux 13, de Angelis 12, Rosberg 10, Alboreto 9, Tambay 8, Mansell 4, Cheever 3, Patrese 3, de Cesaris 3, Boutsen 3, Senna 2

Konstrukteure: McLaren 42, Ferrari 22, Renault 21, Lotus 16, Williams 10, Alfa Romeo 6, Ligier 3, Arrows 3, Toleman 2

Großer Preis von Monaco

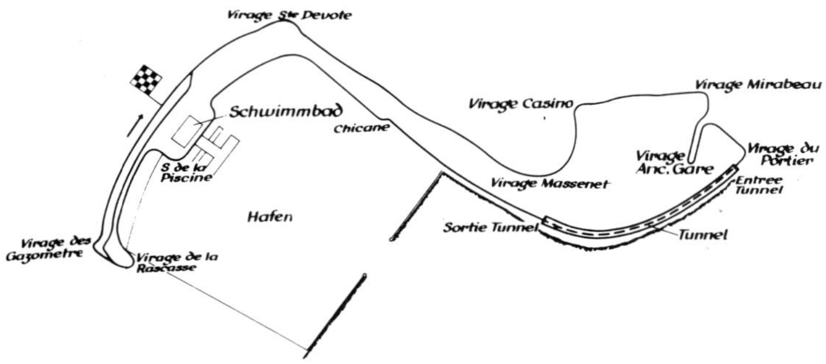

STRECKE

Ort und Datum	**Monaco, 3. Juni**
Wetter	**naß, kalt**
Streckenlänge	**3,312 km**
Runden	**31 Runden**
Renndistanz	**102,672 km**
Bestehender Rundenrekord	**1.26,058 = 138,548 km/h Riccardo Patrese, Arrows A 3 GP 1980**
GP-Sieger 1983	**Keijo Rosberg, Williams FW 08 C 1:56.38,121 = 129,586 km/h**

TRAININGSZEITEN

			31. Mai	2. Juni
1	Nelson Piquet	Brabham BT 53	1.24,139	1.23,918
2	Corrado Fabi	Brabham BT 53	1.31,618	1.25,290
4	Stefan Bellof	Tyrrell 012	1.27,836	1.26,117
5	Jacques Laffite	Williams FW 09	1.27,356	1.25,719
6	Keijo Rosberg	Williams FW 09	1.26,017	1.24,151
7	Alain Prost	McLaren MP4/2	1.23,944	1.22,661
8	Niki Lauda	McLaren MP4/2	1.24,508	1.23,886
11	Elio de Angelis	Lotus 95 T	1.25,602	1.24,426
12	Nigel Mansell	Lotus 95 T	1.24,927	1.22,752
14	Manfred Winkelhock	ATS D 7	1.52,889	1.24,473
15	Patrick Tambay	Renault RE 50	1.24,828	1.23,414
16	Derek Warwick	Renault RE 50	1.23,726	1.23,237
19	Ayrton Senna	Toleman TG 184	1.27,865	1.25,009
20	Johnny Cecotto	Toleman TG 184	1.28,241	1.25,872
22	Riccardo Patrese	Alfa Romeo 184 T	1.28,072	1.25,101
24	Piercarlo Ghinzani	Osella FA 1 F	1.27,723	1.25,877
25	Francois Hesnault	Ligier JS 23	1.27,678	1.25,815
26	Andrea de Cesaris	Ligier JS 23	1.25,939	1.23,578
27	Michele Alboreto	Ferrari 126 C4	1.23,581	1.22,937
28	Rene Arnoux	Ferrari 126 C4	1.24,661	1.22,935
Nicht qualifiziert:				
17	Marc Surer	Arrows A 6	1.27,919	1.26,273
3	Martin Brundle	Tyrrell 012	1.27,891	1.26,373
23	Eddie Cheever	Alfa Romeo 184 T	1.28,961	1.26,471
18	Thierry Boutsen	Arrows A 7	1.28,000	1.26,514
10	Dr. Jonathan Palmer	RAM 02	1.29,778	1.27,458
21	Mauro Baldi	Spirit 101 B	1.28,360	1.30,146
9	Philippe Alliot	RAM 02	1.29,637	1.29,576

Training

Monaco '84 war für die meisten Fahrer und Teams, aber auch für viele Zuschauer keine Reise wert. Die einen klagten über unzumutbare Trainingsbedingungen, die andern beklagten ungewöhnlich hohe Materialverluste und alle zusammen erlebten ein Rennen, dem allenfalls das Häuflein der neun Glücklichen im Ziel etwas Positives abgewinnen konnte. Den nur zur Hälfte vergebenen Punkten standen ein umstrittener Abbruch, viele Blessuren und über ein halbes Dutzend schrottreif gefahrener Wagen gegenüber.

Die Kritik der Fahrer an der Organisation konzentrierte sich auf das Reizwort »Verkehr« und hatte ihren Ursprung in der Absage der hier sonst üblichen Vorqualifikation. Immer wieder traf an beiden Trainingstagen und besonders in den gewerteten Läufen die erste auf die zweite Garnitur und opferte ihren Einsatz, ihre stärksten Motoren und ihre limitierten Qualifiers nutzlosen Runden voller Brems- und Ausweichmanöver. Ein hervorragendes Beispiel gab Mansell, der am Donnerstagvormittag im Renntrimm Schnellster und schneller war als am Nachmittag auf ultraweichen Reifen und mit fast leerem Tank. Ein sehr gutes Beispiel lieferte aber auch Prost, der am Samstag zufällig eine Verkehrslücke fand und eine Traumrunde fuhr. Der alte und neue Pole-man unterbot seine letztjährige Bestzeit um mehr als zwei Sekunden.

Die Vernichtung ganzer Autos oder wesentlicher Teile

davon begann mit zwei schweren Trainingsunfällen. Am Donnerstag »überdriftete« Winkelhock die Kuppe in der Rechtskurve beim Casino und krachte mit solcher Wucht in die Leitplanken, daß am ATS für über 200000 Mark Schaden entstand. Er selbst erlitt eine Zerrung der Hals- und Schultermuskulatur, die seinen weiteren Einsatz bis zum Eingreifen des österreichischen Wunderheilers Willi Dungl in Frage stellte. Samstags überschlug sich Brundle in der Tabakskurve, rutschte auf dem Überrollbügel zum Schwimmbad – und entstieg unverletzt dem böse zugerichteten Tyrrell.

Rennen

Zum Rennen schließlich hätte die FISA besser Patente für Große Fahrt als Fahrerlizenzen ausgegeben. Stundenlang badeten wolkenbruchartige Regenfälle das kleine Fürstentum, überschwemmten die Piste und durchnäßten 140000 kaum noch Schaulustige auf ihren teuren Tribünenplätzen. Kurz vor dem Start versuchte ein Schlauchtrupp der Feuerwehr die trockene Fahrbahn im Tunnel wenigstens für die ersten Runden den allgemeinen Streckenverhältnissen anzupassen.
Sekunden nach dem Start und inmitten der Gischt von Prost und Mansell setzten die Renault-Piloten den außerordentlichen Materialverschleiß ohne eigenes Verschulden fort. Der Crash der beiden ging eindeutig zu Lasten von Arnoux, der Warwick in der Schikane bei Ste. Devote schnitt und in einen Reifenstapel auf der linken Straßenseite drückte. Im gleichen Augenblick prallte Tambay beinahe frontal und so vehement auf seinen leicht querstehenden Stallgefährten, daß ihm Teile der eigenen Vorderradaufhängung durch die Kohlefaserzelle hindurch das linke Wadenbein brachen. Hinter den gestrandeten Renault saßen de Angelis und Patrese bis zur Passage des letzten Fahrers fest.
Überhaupt ist die Chronik dieses verregneten Klassikers nicht viel mehr als ein Unfallbericht. Noch in der Startrunde, die für Prost sage und schreibe 42,5 Sekunden länger dauerte als seine schnellste Trainingsrunde, erhielt de Cesaris von einem unbekannten Kollegen einen mächtigen Schlag ins Kreuz und rollte mit stehendem Motor vor den Boxen aus. In der zweiten Runde blieb Cecotto aus ähnlichem Anlaß der Motor weg und zwischen der zehnten und 15. drehten sich Fabi, Hesnault und Piquet in der Virage du Portier, beim Schwimmbad und vor La Rascasse von der nassen Bahn. Fabi hieß diesmal Corrado und vertrat seinen zur US-CART-Meisterschaft nach Milwaukee abkommandierten älteren Bruder Teo.
Inzwischen kurvten Prost und Mansell sicher um alle Hindernisse. Auch der Führungswechsel in der elften Runde forderte kein neues Opfer. Hinter den Spitzenreitern überholte Lauda die Ferrari-Fahrer und aus dem vorerst noch gutbesetzten Mittelfeld stießen Senna und Bellof nach vorn. Die beiden Youngsters fanden an diesem Tag nicht einmal in alten Füchsen wie Laffite, Winkelhock, Rosberg und Arnoux ihre Meister. In der 16. Runde gab Mansell bei Beau Rivage jedoch zuviel Gas. Der Lotus brach aus, schaukelte sich auf und schlug auf beiden Seiten der Piste gegen die Leitplanken.
Als Prost und Lauda den mit schielenden Rädern und hängendem Heckflügel dahinschleichenden Mansell auf der Talfahrt zur Seeseite des Kurses überholten, hatten sie das Rennen noch lange nicht gewonnen. Eine halbe Minute vor dem Österreicher kämpfte der Franzose mit ähnlichen Schwierigkeiten wie in Dijon, und während er diesmal mit gelockertem Rad oder defekter Bremse unrepariert über die Runden zu kommen versuchte, bekam es sein Stallgefährte mit dem wahrhaft entfesselten Senna zu tun. Der Brasilianer stieg seinem Vordermann förmlich aufs Getriebe und erzwang in der 19. Runde die Vorfahrt. Fünf Runden später schied Lauda vor den Stufen des Hotel de Paris durch einen Dreher aus.
So unerbittlich wie Senna zuerst Lauda und dann den weidwunden Prost jagte, so gnadenlos setzte Bellof nacheinander Rosberg und Arnoux zu. Der Finne, der wenig später noch eine für Winkelhock wieder sehr schmerzhafte Karambolage in der Schikane am Kai zu überstehen hatte, kapitulierte in der 21. und der von Fehlzündungen geplagte Franzose in der 27. Runde. Zu mehr reichte es den beiden Draufgängern allerdings nicht, denn kurz darauf brach Rennleiter Jacky Ickx auf die verzweifelten Signale von Prost hin die Wasserschlacht ab. Der frühere belgische Grand Prix-Fahrer und noch aktive Porsche-Langstreckenpilot mußte sich dafür Schiebung vorwerfen lassen.

STARTAUFSTELLUNG

	7 Alain Prost 1.22,661
12 Nigel Mansell 1.22,752	
	28 Rene Arnoux 1.22,935
27 Michele Alboreto 1.22,937	
	16 Derek Warwick 1.23,237
15 Patrick Tambay 1.23,414	
	26 Andrea de Cesaris 1.23,578
8 Niki Lauda 1.23,886	
	1 Nelson Piquet 1.23,918
6 Keijo Rosberg 1.24,151	
	11 Elio de Angelis 1.24,426
14 Manfred Winkelhock 1.24,473	
	19 Ayrton Senna 1.25,009
22 Riccardo Patrese 1.25,101	
	2 Corrado Fabi 1.25,290
5 Jacques Laffite 1.25,719	
	25 Francois Hesnault 1.25,815
20 Johnny Cecotto 1.25,872	
	24 Piercarlo Ghinzani 1.25,877
4 Stefan Bellof 1.26,117	

ERGEBNISSE UND AUSFÄLLE

1. Alain Prost	McLaren MP4/2	1:01.07,740 = 100,775 km/h
2. Ayrton Senna	Toleman TG 184	1:01.15,186
3. Stefan Bellof*	Tyrrell 012	1:01.28,881
4. Rene Arnoux	Ferrari 126 C4	1:01.36,817
5. Keijo Rosberg	Williams FW 09	1:01.42,986
6. Elio de Angelis	Lotus 95 T	1:01.52,179
7. Michele Alboreto	Ferrari 126 C4	30 Runden
8. Piercarlo Ghinzani	Osella FA 1 F	30 Runden
9. Jacques Laffite	Williams FW 09	30 Runden
10. Riccardo Patrese	Alfa Romeo 184 T	24 Runden, Zündung
11. Niki Lauda	McLaren MP4/2	23 Runden, Dreher
12. Manfred Winkelhock	ATS D 7	22 Runden, Unfall
13. Nigel Mansell	Lotus 95 T	15 Runden, Unfall
14. Nelson Piquet	Brabham BT 53	14 Runden, Dreher
15. Francois Hesnault	Ligier JS 23	12 Runden, Dreher
16. Corrado Fabi	Brabham BT 53	9 Runden, Dreher
17. Johnny Cecotto	Toleman TG 184	1 Runde, Motor
18. Andrea de Cesaris	Ligier JS 23	Startrunde, Motor
19. Patrick Tambay	Renault RE 50	Startrunde, Kollision mit Warwick
20. Derek Warwick	Renault RE 50	Startrunde, Kollision mit Tambay

* disqualifiziert

SCHNELLSTE RUNDE (24. Runde)

Ayrton Senna Toleman TG 184 1.54,334 = 104,283 km/h

WERTUNGSPUNKTE

Fahrer: Prost 28,5, Lauda 18, Arnoux 15, Warwick 13, de Angelis 13, Rosberg 11,5, Alboreto 9,5, Tambay 8, Senna 5, Mansell 4, Cheever 3, Patrese 3, de Cesaris 3, Boutsen 3

Konstrukteure: McLaren 46,5, Ferrari 24,5, Renault 21, Lotus 17, Williams 11,5, Alfa Romeo 6, Toleman 5, Ligier 3, Arrows 3

RUNDENTABELLE

		1	2	3	4	5	6	7	8	9	10	11	12	13	14	15	16	17	18	19	20	21	22	23	24	25	26	27	28	29	30	3
7 Alain Prost	McLaren MP4/2	7	7	7	7	7	7	7	7	7	7	12	12	12	12	12	7	7	7	7	7	7	7	7	7	7	7	7	7	7	7	
12 Nigel Mansell	Lotus 95 T	12	12	12	12	12	12	12	12	12	12	7	7	7	7	7	8	8	8	19	19	19	19	19	19	19	19	19	19	19	19	1
28 Rene Arnoux	Ferrari 126 C4	28	28	28	28	28	8	8	8	8	8	8	8	8	8	8	19	19	19	8	8	8	8	8	28	28	28	4	4	4	4	
27 Michele Alboreto	Ferrari 126 C4	27	27	27	8	8	28	28	28	28	28	28	28	28	19	19	28	28	28	28	28	28	28	28	4	4	4	28	28	28	28	2
16 Derek Warwick	Renault RE 50	8	8	8	27	27	27	27	27	6	6	6	19	19	28	28	6	6	6	6	6	4	4	4	6	6	6	6	6	6	6	
15 Patrick Tambay	Renault RE 50	6	6	6	6	6	6	6	6	19	19	19	6	6	6	6	4	4	4	4	4	6	6	6	11	11	11	11	11	11	11	1
26 Andrea de Cesaris	Ligier JS 23	14	14	14	14	14	14	19	19	14	14	14	14	14	14	4	14	14	14	14	14	14	14	11	24	24	27	27	27	27	27	
8 Niki Lauda	McLaren MP4/2	5	5	19	19	19	19	14	14	4	4	4	4	4	4	14	24	24	24	11	11	11	11	24	27	27	24	24	24	24	24	
1 Nelson Piquet	Brabham BT 53	19	19	5	5	5	5	4	4	24	24	24	24	24	24	24	11	11	11	24	24	24	(24)	27	5	5	5	5	5	5	5	
6 Keijo Rosberg	Williams FW 09	2	4	4	4	4	4	5	5	11	11	11	11	11	11	11	27	27	27	27	27	27	27	5	22							
11 Elio de Angelis	Lotus 95 T	4	2	24	24	24	24	24	24	1	1	1	1	1	1	5	5	5	5	5	5	5	5	22								
14 M. Winkelhock	ATS D 7	24	24	11	11	11	11	11	11	25	25	25	25	5	5	27	22	22	22	22	22	22	22									
19 Ayrton Senna	Toleman TG 184	11	11	2	22	22	25	25	1	(5)	5	5	5	22	27	22																
22 Riccardo Patrese	Alfa Romeo 184 T	20	22	22	25	25	1	1	25	2	22	22	22	27	22																	
2 Corrado Fabi	Brabham BT 53	22	1	1	1	1	2	2	2	22	27	27	27																			
5 Jacques Laffite	Williams FW 09	1	25	25	2	2	22	22	22	27																						
25 Francois Hesnault	Ligier JS 23	25																														
20 Johnny Cecotto	Toleman TG 184																															
24 Piercarlo Ghinzani	Osella FA 1 F																															
4 Stefan Bellof	Tyrrell 012																															

Der Zweikampf im Regen und sein unglückliches Ende

Startunfall der Renault-Fahrer in Monte Carlo

Farbseiten: Weltmeister Niki Lauda auf McLaren-TAG/Porsche (81), Tempo 300 (82/83), Stefan Bellof bremst in Zolder Marc Surer, Keke Rosberg und Rene Arnoux aus (84/85)

Marlboro
S.A.I.M.A.
S.A.I.M.A.
S.A.I.M.A.
Marlboro
8
HERCULES
HERCULES
UNIPART
MP4

Roman
Coca-Cola
Coke
BARCLAY
28
DENIM
BARCLAY
VALVOLINE
17
NORDICA
WÜRTH

Marlboro
WORLD CHAMPIONSHIP TEAM
Tyrrell
Ford
GOODYEAR
4

Jagdszenen
vom neuen
Nürburgring

SAIMA
BOSS
parmalat
117

FLY saudia
saudia

Feuerspeier: Nicht immer war es »die Flamme«. Manchmal brannte es auch oder floß Öl

Großer Preis von Kanada

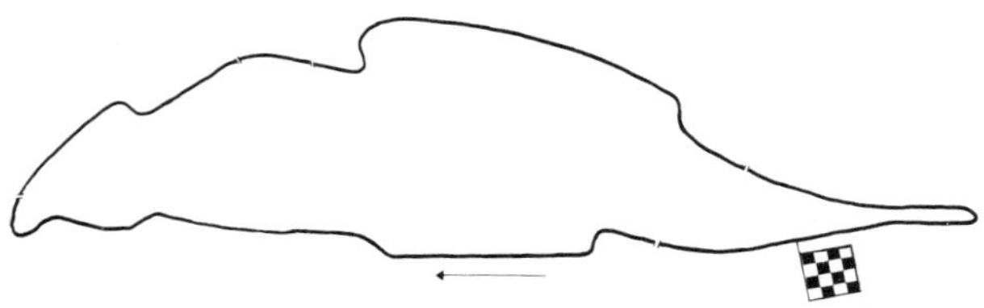

STRECKE

Ort und Datum	**Montreal, 17. Juni**
Wetter	**trocken, sehr warm**
Streckenlänge	**4,41 km**
Runden	**70**
Renndistanz	**308,7 km**
Bestehender Rundenrekord	**1.28,323 = 179,749 km/h Didier Pironi, Ferrari 126 C2 GP 1982**
GP-Sieger 1983	**Rene Arnoux, Ferrari 126 C2/B 1:48.31,838 = 170,661 km/h**

TRAININGSZEITEN

			15. Juni	16. Juni
1	Nelson Piquet	Brabham BT 53	1.27,154	1.25,442
2	Corrado Fabi	Brabham BT 53	1.30,831	1.29,764
3	Martin Brundle	Tyrrell 012	1.33,945	1.31,785
4	Stefan Bellof	Tyrrell 012	1.34,309	1.31,797
5	Jacques Laffite	Williams FW 09	1.30,115	1.29,915
6	Keijo Rosberg	Williams FW 09	1.29,423	1.29,284
7	Alain Prost	McLaren MP4/2	1.26,477	1.26,198
8	Niki Lauda	McLaren MP4/2	1.28,548	1.27,392
9	Philippe Alliot	RAM 02	1.35,286	1.36,900
10	Mike Thackwell	RAM 02	1.34,921	1.33,750
11	Elio de Angelis	Lotus 95 T	1.27,139	1.26,306
12	Nigel Mansell	Lotus 95 T	1.28,277	1.27,246
14	Manfred Winkelhock	ATS D 7	1.32,311	1.28,909
15	Patrick Tambay*	Renault RE 50	–	–
16	Derek Warwick	Renault RE 50	1.29,682	1.26,420
17	Marc Surer	Arrows A 6	1.33,014	1.32,756
18	Thierry Boutsen	Arrows A 7	1.30,887	1.30,073
19	Ayrton Senna	Toleman TG 184	1.29,282	1.27,448
20	Johnny Cecotto	Toleman TG 184	1.34,731	1.31,459
21	Huub Rothengatter	Spirit 101 B	1.35,217	1.32,920
22	Riccardo Patrese	Alfa Romeo 184 T	1.29,205	1.30,064
23	Eddie Cheever	Alfa Romeo 184 T	1.29,418	1.28,032
24	Piercarlo Ghinzani	Osella FA 1 F	1.32,189	1.30,918
25	Francois Hesnault	Ligier JS 23	1.31,146	1.29,187
26	Andrea de Cesaris	Ligier JS 23	1.29,618	1.27,922
27	Michele Alboreto	Ferrari 126 C4	1.28,604	1.26,764
28	Rene Arnoux	Ferrari 126 C4	1.27,917	1.26,549

* Nennung zurückgezogen

Training

Der Brabham hieß immer noch BT 53 und sah auch so aus. Nur eine kleine Öffnung im Bug, unter der jetzt ein Front-Ölkühler den im Keilheck eingepferchten BMW-Treibsatz thermisch entlasten sollte, paßte nicht ins gewohnte Bild. Nach zwei Motor- und sechs Laderschäden bei zwölf Starts, von den entsprechenden Ausfällen in den dazugehörenden Trainingsläufen gar nicht zu reden, war dies Gordon Murrays erster größerer Beitrag zur Überwindung der augenblicklichen Krise.

Ein paar Änderungen mehr – und dazu Erklärungen – wurden von Paul Rosche verlangt. Das Problem, nahm der BMW-Ingenieur die Schuld am Brabham-Debakel auf sich und seine Crew, sei nicht ein thermisches gewesen, wenn man darunter die Arbeitsbedingungen des Triebwerks im Fahrgestell verstand, sondern ein qualitatives wie die zufällige Verwendung minderwertiger Lagerdeckelschrauben im Kurbelgehäuse oder unbrauchbarer Membrane für das nahe dem Turbolader wirkende Druckregelventil. Aber diese Dinge habe man – hoffentlich – nun wieder im Griff.
Die Pole-position des punktfreien Weltmeisters war dafür allerdings noch kein Beweis. An schierer Kraft

Brabham-Trainingsbedarf...

hatte es dem bayerischen Vierzylinder nie gefehlt und Piquet stand schon in Kyalami und San Marino auf dem besten Startplatz. Nun mußte sich zeigen, ob der Titelverteidiger sich auch ein Rennen lang gegen die McLaren-, Lotus-, Renault- und Ferrari-Fahrer behaupten konnte.

Rennen

Um es vorwegzunehmen: Piquet konnte. Der Brasilianer »verlor« zwar den Start, fing den reaktionsschnelleren Prost aber schon auf der Gegengeraden mit beträchtlichem Tempoüberschuß ab und hielt sich von diesem Augenblick an stets außerhalb seiner Reichweite. Dies war um so bemerkenswerter, als der BMW-Motor seither immer als der stärkste »Minutenbrenner« und der TAG/Porsche-Turbo als der überlegene Dauerrenner galt.

In der ersten Rennhälfte, die Prost in Erwartung des üblichen Brabham-Ausfalls noch losen Kontakt mit dem Anführer hielt, stieß Lauda vom achten auf den dritten Platz vor und näherte sich dann langsam seinem Stallgefährten – Prosts Motor hatte zu schütteln begonnen und drehte nur zäh über 10000. Zwei Plätze rang Lauda den Lotus-Fahrern Mansell und de Angelis ab, einen holte er sich von Warwick, Renaults Alleinvertreter seit einem abgebrochenen Fahrversuch des verletzten Tambay im ersten freien Training, und zwei weitere schenkten ihm die Ferrari-Piloten. Am Wagen von Alboreto riß der Zahnriemen zum Antrieb der mechanischen Kraftstoffpumpe und Arnoux wechselte zu weich gewählte Reifen.

Vorbestimmte Reifenwechsel waren dagegen nicht mehr gefragt. Zum erstenmal folgten alle Teams dem Brabham-Beispiel und verzichteten auf diese seither so geschätzte taktische Variante. Das Rennen ging also ohne die gewohnten und meist nur vorübergehenden Positionsverschiebungen in die zweite Hälfte, und eine Novität waren auch die trotz hoher Außentemperaturen sehr geringen Verluste. Von den 26 Startern lagen noch 20 im Wettbewerb und davon acht mit Piquet in einer Runde. Neben Hesnault, Alboreto und Ghinzani fehlten beide Williams-Fahrer und Mike Thackwell, der mit Huub Rothengatter für die Le Mans-Teilnehmer Palmer und Baldi eingesprungen war.

Niki Lauda, der bis auf den zeitweise klemmenden vierten Gang »nicht die geringsten technischen Probleme« hatte, überholte seinen weniger zufriedenen Stallgefährten in der 44. Runde. Fahrerisch aber wurde er bei der gleich anschließenden Überrundung von de Angelis noch einmal voll gefordert. Der Italiener schnitt eine Spitzkehre und zwang ihn bei der Rückkehr zur Piste mit allen vier Rädern aufs Gras. Danach waren ihm die sechs Punkte ebenso sicher wie Piquet der Sieg und Prost der dritte Platz.

Während Lauda sich noch bis auf 2,6 Sekunden an Piquet heranschob, der Brasilianer auf heißer Sohle – das Gaspedal wurde über den Spant vom neuen Ölkühler aufgeheizt – die schnellste Runde fuhr und Prost mehr als eine Minute verlor, entschieden Pannen wie Warwicks lose Bodenverkleidung, Arnoux' gerissene Auspuffkrümmer, Mansells Schaltschwierigkeiten, Sennas Brems- und Schaltprobleme sowie Cheevers leergesaugter Tank über die nächsten vier Plätze. Dahinter kam Winkelhock tatsächlich einmal ins Ziel, dann folgten Cecotto, Brundle und Alliot. Corrado Fabi nahm Piquet den bis zuletzt gefürchteten Motorschaden ab und Stefan Bellof verabschiedete sich kurz nach Ergänzung des Wasserballasts mit Gelenkwellenbruch.

RUNDENTABELLE

			1	2	3	4	5	6	7	8	9	10	11	12	13	14	15	16	17	18	19	20	21	22	23	24	25	26	27	28	29	30
1	Nelson Piquet	Brabham BT 53	1	1	1	1	1	1	1	1	1	1	1	1	1	1	1	1	1	1	1	1	1	1	1	1	1	1	1	1	1	1
7	Alain Prost	McLaren MP4/2	7	7	7	7	7	7	7	7	7	7	7	7	7	7	7	7	7	7	7	7	7	7	7	7	7	7	7	7	7	7
11	Elio de Angelis	Lotus 95 T	27	27	27	27	27	27	27	27	27	27	28	28	28	8	8	8	8	8	8	8	8	8	8	8	8	8	8	8	8	8
16	Derek Warwick	Renault RE 50	28	28	28	28	28	28	28	28	28	28	8	8	8	16	16	16	16	16	16	16	16	16	16	16	16	16	28	28	28	28
28	Rene Arnoux	Ferrari 126 C4	11	11	11	11	8	8	8	8	8	8	11	11	16	11	11	11	11	11	11	11	11	11	28	28	28	28	16	16	16	16
27	Michele Alboreto	Ferrari 126 C4	16	16	16	8	11	11	11	11	11	11	16	16	11	28	19	19	19	28	28	28	28	28	11	11	11	11	11	11	11	11
12	Nigel Mansell	Lotus 95 T	12	8	8	16	16	16	16	16	16	16	19	19	19	19	28	28	28	19	6	6	6	6	6	6	6	6	6	6	6	6
8	Niki Lauda	McLaren MP4/2	8	19	19	19	19	19	19	19	19	19	26	26	12	12	6	6	6	6	19	19	19	19	19	19	19	19	19	12	12	12
19	Ayrton Senna	Toleman TG 184	19	12	26	26	26	26	26	26	26	26	12	12	6	6	12	12	12	12	12	12	12	12	12	12	12	12	12	19	19	19
26	Andrea de Cesaris	Ligier JS 23	26	26	12	12	12	12	12	12	12	12	6	6	26	26	26	26	26	26	26	26	26	26	26	23	23	23	23	23	23	23
23	Eddie Cheever	Alfa Romeo 184 T	23	23	23	23	23	23	23	23	23	23	23	23	23	23	23	23	23	23	23	23	23	23	23	26	26	26	26	26	26	26
14	M. Winkelhock	ATS D 7	14	14	14	14	14	14	14	6	6	6	14	14	14	14	14	14	4	4	4	4	4	4	4	4	4	4	4	4	4	4
25	Francois Hesnault	Ligier JS 23	22	6	6	6	6	6	6	14	14	14	4	4	4	4	4	4	14	14	14	14	14	14	14	14	5	5	5	5	5	5
22	Riccardo Patrese	Alfa Romeo 184 T	6	22	22	22	22	22	4	4	4	4	22	22	5	5	5	5	5	5	5	5	5	5	5	5	14	14	14	14	14	14
6	Keijo Rosberg	Williams FW 09	25	2	2	25	25	4	22	22	22	22	2	5	22	22	22	22	22	22	18	18	18	18	2	2	2	2	2	2	2	2
2	Corrado Fabi	Brabham BT 53	2	25	25	2	4	2	2	2	2	2	5	18	18	18	18	18	18	18	22	22	2	2	18	18	18	18	18	18	18	18
5	Jacques Laffite	Williams FW 09	4	4	4	4	2	25	18	18	5	5	18	2	2	2	2	2	2	2	2	2	20	20	20	20	20	20	20	20	20	20
18	Thierry Boutsen	Arrows A 7	18	18	18	18	18	18	5	5	18	18	20	20	20	20	20	20	20	20	20	20	22	22	22	22	3	22	22	22	22	22
24	Piercarlo Ghinzani	Osella FA 1 F	20	20	20	20	20	20	20	20	20	20	3	3	3	3	3	3	3	3	3	3	3	3	3	3	22	3	3	3	3	3
20	Johnny Cecotto	Toleman TG 184	17	17	17	17	17	5	17	17	17	3	24	17	17	17	17	17	17	17	17	17	17	17	17	17	17	17	17	17	17	17
3	Martin Brundle	Tyrrell 012	5	5	5	5	5	17	3	3	3	24	17	10	10	10	10	10	10	10	10	10	10	10	10	10	10	10	10	10	10	9
4	Stefan Bellof	Tyrrell 012	3	3	3	3	3	3	24	24	24	17	10	21	21	21	9	9	9	9	9	9	9	9	9	9	9	9	9	9	9	21
17	Marc Surer	Arrows A 6	24	24	24	24	24	24	25	21	21	10	21	9	9	9	21	21	21	21	21	21	21	21	21	21	21	21	21	21	21	
21	Huub Rothengatter	Spirit 101 B	21	21	21	21	21	21	21	10	10	21	9																			
10	Mike Thackwell	RAM 02	9	9	9	10	10	10	10	9	9	9																				
9	Philippe Alliot	RAM 02	10	10	10	9	9	9	9																							

STARTAUFSTELLUNG

	1 Nelson Piquet 1.25,442
7 Alain Prost 1.26,198	11 Elio de Angelis 1.26,306
16 Derek Warwick 1.26,420	28 Rene Arnoux 1.26,549
27 Michele Alboreto 1.26,764	12 Nigel Mansell 1.27,246
8 Niki Lauda 1.27,392	19 Ayrton Senna 1.27,448
26 Andrea de Cesaris 1.27,922	23 Eddie Cheever 1.28,032
14 Manfred Winkelhock 1.28,909	25 Francois Hesnault 1.29,187
22 Riccardo Patrese 1.29,205	6 Keijo Rosberg 1.29,284
2 Corrado Fabi 1.29,764	5 Jacques Laffite 1.29,915
18 Thierry Boutsen 1.30,073	24 Piercarlo Ghinzani 1.30,918
20 Johnny Cecotto 1.31,459	3 Martin Brundle 1.31,785
4 Stefan Bellof 1.31,797	17 Marc Surer 1.32,756
21 Huub Rothengatter 1.32,920	10 Mike Thackwell 1.33,750
9 Philippe Alliot 1.35,286	

ERGEBNISSE UND AUSFÄLLE

1. Nelson Piquet	Brabham BT 53	1:46.23,748 = 174,085 km/h
2. Niki Lauda	McLaren MP4/2	1:46.26,360
3. Alain Prost	McLaren MP4/2	1:47.51,780
4. Elio de Angelis	Lotus 95 T	69 Runden
5 Rene Arnoux	Ferrari 126 C4	68 Runden
6. Nigel Mansell	Lotus 95 T	68 Runden
7. Ayrton Senna	Toleman TG 184	68 Runden
8. Manfred Winkelhock	ATS D 7	68 Runden
9. Johnny Cecotto	Toleman TG 184	68 Runden
10. Martin Brundle*	Tyrrell 012	68 Runden
11. Philippe Alliot	RAM 02	65 Runden
12. Eddie Cheever	Alfa Romeo 184 T	63 Runden, Kraftstoffmangel
13. Marc Surer	Arrows A 6	59 Runden, Motor
14. Derek Warwick	Renault RE 50	57 Runden, Bodenverkleidung
15. Huub Rothengatter	Spirit 101 B	56 Runden
16. Stefan Bellof*	Tyrrell 012	52 Runden, Gelenkwelle
17. Andrea de Cesaris	Ligier JS 23	40 Runden, Bremsen
18. Corrado Fabi	Brabham BT 53	39 Runden, Motor
19. Thierry Boutsen	Arrows A 7	38 Runden, Motor
20. Riccardo Patrese	Alfa Romeo 184 T	37 Runden, Unfall
21. Keijo Rosberg	Williams FW 09	32 Runden, Zündung
22. Jacques Laffite	Williams FW 09	31 Runden, Turbolader
23. Mike Thackwell	RAM 02	29 Runden, Turbolader
24. Piercarlo Ghinzani	Osella FA 1 F	11 Runden, Gelenkwelle
25. Michele Alboreto	Ferrari 126 C4	10 Runden, Kraftstoffpumpe
26. Francois Hesnault	Ligier JS 23	7 Runden, Turbolader

* disqualifiziert

SCHNELLSTE RUNDE (55. Runde)

Nelson Piquet — Brabham BT 53 — 1.28,763 = 178,858 km/h

31	32	33	34	35	36	37	38	39	40	41	42	43	44	45	46	47	48	49	50
1	1	1	1	1	1	1	1	1	1	1	1	1	1	1	1	1	1	1	1
7	7	7	7	7	7	7	7	7	7	7	7	7	8	8	8	8	8	8	8
8	8	8	8	8	8	8	8	8	8	8	8	8	7	7	7	7	7	7	7
28	28	28	28	28	28	28	28	28	28	28	28	28	28	28	28	28	28	28	16
16	16	16	16	16	16	16	16	16	16	16	16	16	16	16	16	16	16	16	28
11	11	11	11	11	11	11	11	11	11	11	12	12	12	12	12	12	12	12	12
6	6	12	12	12	12	12	12	12	12	12	11	11	11	11	11	11	11	11	11
12	12	19	19	19	19	19	19	19	19	23	23	23	23	23	23	23	23	23	23
19	19	23	23	23	23	23	23	23	23	19	19	19	19	19	19	19	19	19	19
23	23	26	4	4	4	4	4	4	4	4	4	4	4	4	4	4	4	(4)	4
26	26	4	14	14	14	14	14	14	14	14	14	14	14	14	14	14	14	14	14
4	4	14	2	2	2	2	3	3	3	3	3	3	3	3	3	3	3	3	3
5	14	2	18	18	18	3	20	20	20	20	20	20	20	20	20	20	20	20	20
14	2	18	20	20	20	22	18	26	26	17	17	17	17	17	17	17	17	17	17
2	18	20	26	22	22	20	26	17	17	9	9	9	9	9	9	9	9	9	9
18	20	22	22	3	3	18	17	2	9	21	21	21	21	21	21	21	21	21	21
20	22	3	3	26	26	26	(2)	9	21										
22	3	17	17	17	17	17	9	21											
3	17	9	9	9	9	9	21												
17	9	21	21	21	21	21													
9	21																		
21																			

51	52	53	54	55	56	57	58	59	60	61	62	63	64	65	66	67	68	69	70
1	1	1	1	1	1	1	1	1	1	1	1	1	1	1	1	1	1	1	1
8	8	8	8	8	8	8	8	8	8	8	8	8	8	8	8	8	8	8	8
7	7	7	7	7	7	7	7	7	7	7	7	7	7	7	7	7	7	7	7
16	16	16	16	12	12	12	12	12	12	11	11	11	11	11	11	11	11	11	
28	28	12	12	(16)	28	11	11	11	11	23	23	23	12	12	12	12	28		
12	12	28	28	28	11	23	23	23	23	12	12	12	28	28	28	28	12		
11	11	11	11	11	23	28	28	28	28	28	28	28	19	19	19	19	19		
23	23	23	23	23	(16)	16	19	19	19	19	19	19	14	14	14	14	14		
19	19	19	19	19	19	19	14	14	14	14	14	14	20	20	20	20	20		
4	4	14	14	14	14	14	3	3	3	20	20	20	3	3	3	3	3		
14	14	3	3	3	3	(3)	20	20	20	3	3	3	9	9					
3	3	20	20	20	20	20	17	17	9	9	9	9							
20	20	17	17	17	17	17	9	9											
17	17	9	9	9	9	9													
9	9	21	21	21	21														
21	21																		

WERTUNGSPUNKTE

Fahrer: Prost 32,5, Lauda 24, Arnoux 17, de Angelis 16, Warwick 13, Rosberg 11,5, Alboreto 9,5, Piquet 9, Tambay 8, Senna 5, Mansell 5, Cheever 3, Patrese 3, de Cesaris 3, Boutsen 3

Konstrukteure: McLaren 56,5, Ferrari 26,5, Lotus 21, Renault 21, Williams 11,5, Brabham 9, Alfa Romeo 6, Toleman 5, Ligier 3, Arrows 3

Großer Preis von Detroit

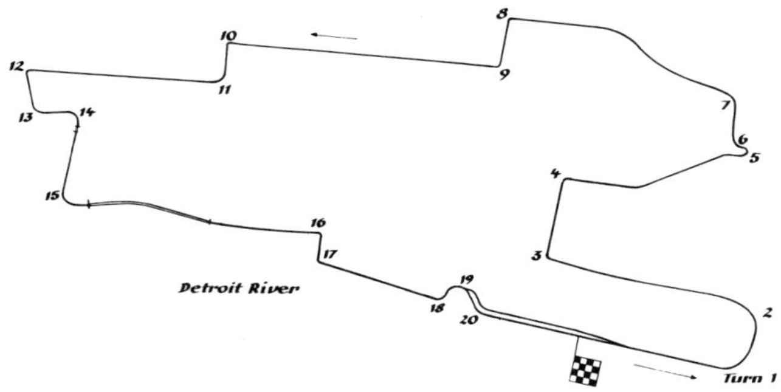

STRECKE

Ort und Datum	**Detroit, 24. Juni**
Wetter	**trocken, sehr warm**
Streckenlänge	**4,023 km**
Runden	**63**
Renndistanz	**253,449 km**
Bestehender Rundenrekord	**1.47,668 = 134,513 km/h John Watson, McLaren MP 4/1 C GP 1983**
GP-Sieger 1983	**Michele Alboreto, Tyrrell 011 1:50.53,669 = 130,599 km/h**

TRAININGSZEITEN

			22. Juni	23. Juni
1	Nelson Piquet	Brabham BT 53	1.45,407	1.40,980
2	Teo Fabi	Brabham BT 53	1.51,165	1.47,335
3	Martin Brundle	Tyrrell 012	1.48,966	1.43,754
4	Stefan Bellof	Tyrrell 012	1.48,117	1.44,940
5	Jacques Laffite	Williams FW 09	1.47,610	1.46,225
6	Keijo Rosberg	Williams FW 09	1.47,919	1.46,495
7	Alain Prost	McLaren MP4/2	1.45,717	1.41,640
8	Niki Lauda	McLaren MP4/2	1.45,238*	1.43,484
9	Philippe Alliot	RAM 02	1.51,031	1.46,333
10	Dr. Jonathan Palmer	RAM 02	1.51,493	1.47,743
11	Elio de Angelis	Lotus 95 T	1.47,316	1.42,434
12	Nigel Mansell	Lotus 95 T	1.45,130	1.42,172
14	Manfred Winkelhock	ATS D 7	1.47,303	1.44,228
15	Patrick Tambay	Renault RE 50	1.46,426	1.43,289
16	Derek Warwick	Renault RE 50	1.47,341	1.42,637
17	Marc Surer	Arrows A 6	6.22,502	1.46,626
18	Thierry Boutsen	Arrows A 7	1.47,866	1.44,063
19	Ayrton Senna	Toleman TG 184	1.47,188	1.42,651
20	Johnny Cecotto	Toleman TG 184	1.49,644	1.45,231
22	Riccardo Patrese	Alfa Romeo 184 T	1.47,974	1.48,224
23	Eddie Cheever	Alfa Romeo 184 T	1.47,347	1.43,065
24	Piercarlo Ghinzani	Osella FA 1 F	1.49,141	1.48,865
25	Francois Hesnault	Ligier JS 23	1.49,697	1.45,419
26	Andrea de Cesaris	Ligier JS 23	1.46,834	1.43,998
27	Michele Alboreto	Ferrari 126 C4	1.47,719	1.42,246
28	Rene Arnoux	Ferrari 126 C4	1.46,805	1.44,748

* disqualifiziert

Nicht qualifiziert:

21	Huub Rothengatter	Spirit 101 B	1.53,625	1.49,895

Training

Wenn es Nelson Piquet einmal lief, war er kaum noch zu halten. Eine Woche nach seinem großartigen Comeback auf dem kurvenreichen Flachkurs der Ile Notre-Dame vor Montreal zeigte er sich auch ein paar hundert Meilen den St. Lorenz-Strom, den Ontariosee, den Eriesee und den Detroit-River hinauf in allerbester Verfassung und gab am Stadtrand von »Motown« im Staate Michigan unter erschwerten Bedingungen eine nicht weniger glänzende Vorstellung. Seine einzigen Versäumnisse waren die wieder erst im zweiten Anlauf gegen Prost, Mansell, Alboreto und de Angelis herausgefahrene Pole-position sowie der an Warwick abgetretene Rundenrekord.

Detroit war kein Ort von dem die Fahrer träumten. Der Run um das Renaissance Center, ein Block hochaufragender Hotels und Geschäftshäuser mit leblosen Glasfassaden, führte weitgehend durch enge, eingezäunte Betonkanäle und gestattete so gut wie keine Seitensprünge. In beiden Zeittrainings fuhren Abschleppwagen mit den ohnehin schon stark verkehrsbehinderten Rennwagen um die Wette und holten irgendwelche Havaristen von der Bahn. Jede Unterbrechung kostete Reifen und Plazierungen und brachte selbst alte Kämpen wie Prost und Rosberg dazu, ihre Abneigung gegen diese Art »Stadtkurs« öffentlich zu bekunden. Die Bruchpiloten hießen Bellof, Surer, Fabi, Arnoux, Warwick, Senna, Cecotto und de Cesaris.

Rennen

Gleich zu Anfang dessen, was vor der nicht gerade spärlichen Kulisse von mehr als 140000 Zuschauern einmal ein Rennen werden sollte, fand der Unmut gegen die wellige Piste, den fehlenden Auslauf, eine Organisation, die Lauda wegen einer um zwei Millimeter über das Höchstmaß hinaus verzogenen Heckschwinge für das erste Zeittraining disqualifizierte, und diesen Grand Prix überhaupt frische Nahrung. Nur wenige Meter nach dem Start versuchte Mansell auf neuen, noch »niederquerschnittigeren« und griffigeren Goodyears zwischen Piquet und Prost durchzubrechen, überschätzte den Spalt und verursachte eine Massenkarambolage, in die Piquet, Alboreto, Surer und Senna erheblich und zwei oder drei andere weniger ernsthaft verwickelt wurden. Der Rest des Feldes bekam umgehend die rote Flagge gezeigt.

Der frühe Abbruch erlaubte keine Zwischenwertung. In diesem Fall gestattete das Reglement auch den Neustart jener Fahrer, die nicht mit eigener Kraft zum Startplatz zurückgekehrt oder sogar auf einen Reservewagen angewiesen waren. An den Boxen wurden daher sofort Ersatzfahrzeuge für Piquet, Arnoux und Senna startklar gemacht, wobei der Brabham allerdings nicht mehr auf Nelsons speziellen Rennmotor, der Ferrari nicht auf die weiterentwickelte Marelli/Weber-Kraftstoffeinspritzung und der Toleman nicht auf das nur in sein Gegenstück eingebaute Hart-»Motormanagement« umgerüstet werden konnten. Marc Surer blieb nach der Verschrottung des zweiten Arrows-Cosworth nur der Startverzicht.

Nachdem Altmeister Jackie Stewart dem einsichtigen Mansell auf seine unnachahmliche Art klargemacht

Zwischenspurt des Titelverteidigers

hatte, daß er das Rennen beim Start unmöglich gewinnen, sehr wohl aber verlieren konnte, hielt sich der Gerügte beim nächsten Versuch merklich zurück und trug dadurch wesentlich zu seinem Gelingen bei. Vor ihm aber marschierten Piquet und Prost und machten keineswegs den Eindruck, als dankten sie es ihm. Noch in der ersten Runde legte de Cesaris den ersten dreier Boxenstopps zur Behebung diverser »Mauerschäden« ein und in der zweiten startete Winkelhock eine mit 19 Fahrern bei 25 Teilnehmern rekordverdächtige Ausfallserie. ATS verbuchte den ersten BMW-Motorschaden des Tages.

In den ersten fünf Runden bildeten Piquet, Prost und Mansell eine annähernd geschlossene Gruppe, und ähnlich knapp ging es bei Alboreto, Cheever und Warwick her. Nach der sechsten Runde lag Piquet jedoch plötzlich sechs Sekunden vor Prost, in der zehnten ging Mansell an dem offenbar angeschlagenen Franzosen vorbei und in der 16. überholten ihn auch Cheever, Alboreto und de Angelis, der mittlerweile Warwick abgelöst hatte. Die Erklärung für den doppelten Abstieg lautete auf falsche Reifenwahl – Warwick und Prost wechselten in der 15. und 19. Runde die Pneus.

Trotz kurzer Atempausen wie durch die Fehlbereifung von Prost verbrachte Piquet keinen erholsamen Nachmittag. Zuerst überbrückte Mansell die sechs Sekunden und bedrängte ihn, bis am Lotus das Getriebegehäuse brach. Dann steckte Alboreto über 20 Sekunden weg und verpaßte ihn nur wegen Druckabfalls in einem lecken Ladeluftkühler, der die Gemischkontrolle durcheinander brachte. Nach der Explosion des viel zu mager gelaufenen Ferrari-Motors jagte ihm Brundle über 18 von 19 Sekunden Vorsprung ab und dazu kamen die Hitze, die er schon früher nicht vertrug, der zuletzt unbegründete Argwohn gegenüber dem Reservewagen und der Anblick der sich mehrenden Dauerparker am Streckenrand. Ein Geschenk seiner Kollegen war dieser Start-Ziel-Sieg mit Sicherheit nicht.

Die gleiche Arbeit für geringeren Lohn verrichteten nur noch Brundle, de Angelis, Fabi, Prost und Laffite. Dennoch zählte der Tabellenführer ebenso zu den großen Verlierern wie sein Stallgefährte, die Ferrari-, Renault- und Alfa Romeo-Fahrer, Boutsen, der den zweiten und letzten BMW-Motor verheizte, Senna, Rosberg und Bellof. Der Gießener lieferte Brundle und Rosberg bis zu einer gemäßigten Neuauflage seines Trainingsunfalls mitreißende Positionskämpfe und hätte im Endspurt vielleicht noch Piquet in Verlegenheit gebracht.

RUNDENTABELLE

Nr.	Fahrer	Wagen	1	2	3	4	5	6	7	8	9	10	11	12	13	14	15	16	17	18	19	20	21	22	23	24	25	26	27	28	29	30
1	Nelson Piquet	Brabham BT 53	1	1	1	1	1	1	1	1	1	1	1	1	1	1	1	1	1	1	1	1	1	1	1	1	1	1	1	1	1	1
7	Alain Prost	McLaren MP4/2	7	7	7	7	7	7	7	7	7	12	12	12	12	12	12	12	12	12	12	12	12	12	12	12	12	12	(12)	27	27	27
12	Nigel Mansell	Lotus 95 T	12	12	12	12	12	12	12	12	12	7	7	7	7	7	7	23	23	23	23	23	23	27	27	27	27	27	27	11	11	11
27	Michele Alboreto	Ferrari 126 C4	27	27	27	27	16	16	16	16	16	16	16	16	16	23	23	27	27	27	27	27	27	11	11	11	11	11	11	6	6	6
11	Elio de Angelis	Lotus 95 T	23	23	23	16	27	27	27	27	27	27	27	23	23	27	27	11	11	11	11	11	11	(23)	18	18	18	18	(18)	3	3	3
16	Derek Warwick	Renault RE 50	16	16	16	23	23	23	23	23	23	23	23	27	27	11	11	7	7	(7)	8	8	8	18	6	6	6	6	6	4	4	4
19	Ayrton Senna	Toleman TG 184	11	11	11	8	8	8	8	8	8	11	11	11	11	(16)	8	8	8	8	18	18	18	6	3	3	3	3	3	16	16	16
23	Eddie Cheever	Alfa Romeo 184 T	8	8	8	11	11	11	11	11	11	8	8	8	8	8	15	18	18	18	19	19	(19)	3	4	4	4	4	4	7	7	7
15	Patrick Tambay	Renault RE 50	15	15	15	15	15	15	15	15	15	15	15	15	15	15	18	15	19	19	6	6	6	4	16	16	16	16	16	2	2	2
8	Niki Lauda	McLaren MP4/2	19	19	19	19	19	19	19	19	19	19	19	19	19	18	19	19	6	6	3	3	3	(8)	7	7	7	7	7	5	5	5
3	Martin Brundle	Tyrrell 012	3	3	3	3	3	3	18	18	18	18	18	18	4	19	6	6	3	3	4	4	4	7	2	2	2	2	2	8	8	8
26	Andrea de Cesaris	Ligier JS 23	18	18	18	18	18	18	3	4	4	4	4	4	18	6	3	3	4	4	2	2	7	16	5	5	5	5	5	15	15	15
18	Thierry Boutsen	Arrows A 7	28	28	4	4	4	4	4	3	3	3	3	3	3	3	4	4	2	2	7	7	2	2	8	8	8	8	8	(12)	9	9
14	M. Winkelhock	ATS D 7	4	4	20	20	20	20	20	6	6	6	6	6	6	4	2	2	(15)	16	16	16	16	5	15	15	15	15	15	9		
28	Rene Arnoux	Ferrari 126 C4	25	20	6	6	6	6	6	20	20	20	20	22	22	20	20	20	16	20	5	5	5	15	20	20	9	9	9			
4	Stefan Bellof	Tyrrell 012	20	25	(25)	22	22	22	22	22	22	22	22	20	20	2	16	16	20	5	20	20	(20)	20	9	9	26					
20	Johnny Cecotto	Toleman TG 184	6	6	(24)	2	2	2	2	2	2	2	2	2	2	(22)	5	5	5	15	15	15	15	9	26	26						
25	Francois Hesnault	Ligier JS 23	24	24	2	5	5	5	5	5	5	5	5	5	5	5	9	9	9	9	9	9	9	26								
5	Jacques Laffite	Williams FW 09	14	2	22	9	9	9	9	9	9	9	9	9	9	9	(22)	22	22	22	22	22	(22)									
9	Philippe Alliot	RAM 02	2	5	5	(24)	26	26	26	26	26	26	26	26	26	26	26	26	26	(26)	26	26	26									
6	Keijo Rosberg	Williams FW 09	5	22	9	26																										
2	Teo Fabi	Brabham BT 53	22	9	(28)																											
10	Dr. J. Palmer	RAM 02	9	(10)	26																											
22	Riccardo Patrese	Alfa Romeo 184 T	10	26																												
24	Piercarlo Ghinzani	Osella FA 1 F	(26)																													

STARTAUFSTELLUNG

1 Nelson Piquet 1.40,980	
	7 Alain Prost 1.41,640
12 Nigel Mansell 1.42,172	
	27 Michele Alboreto 1.42,246
11 Elio de Angelis 1.42,434	
	16 Derek Warwick 1.42,637
19 Ayrton Senna 1.42,651	
	23 Eddie Cheever 1.43,065
15 Patrick Tambay 1.43,289	
	8 Niki Lauda 1.43,484
3 Martin Brundle 1.43,754	
	26 Andrea de Cesaris 1.43,998
18 Thierry Boutsen 1.44,063	
	14 Manfred Winkelhock 1.44,228
28 Rene Arnoux 1.44,748	
	4 Stefan Bellof 1.44,940
20 Johnny Cecotto 1.45,231	
	25 Francois Hesnault 1.45,419
5 Jacques Laffite 1.46,225	
	9 Philippe Alliot 1.46,333
6 Keijo Rosberg 1.46,495	
	17 Marc Surer* 1.46,626
2 Teo Fabi 1.47,335	
	10 Dr. Jonathan Palmer 1.47,743
22 Riccardo Patrese 1.47,974	
	24 Piercarlo Ghinzani 1.48,865

* zum 2. Start nicht angetreten

ERGEBNISSE UND AUSFÄLLE

1. Nelson Piquet	Brabham BT 53	1:55.41,842 = 131,437 km/h
2. Martin Brundle*	Tyrrell 012	1:55.42,679
3. Elio de Angelis	Lotus 95 T	1:56.14,480
4. Teo Fabi	Brabham BT 53	1:57.08,370
5. Alain Prost	McLaren MP4/2	1:57.37,100
6. Jacques Laffite	Williams FW 09	62 Runden
7. Michele Alboreto	Ferrari 126 C4	49 Runden, Motor
8. Keijo Rosberg	Williams FW 09	47 Runden, Motor
9. Derek Warwick	Renault RE 50	40 Runden, Getriebe
10. Patrick Tambay	Renault RE 50	34 Runden, Getriebe
11. Niki Lauda	McLaren MP4/2	34 Runden, Motor
12. Stefan Bellof*	Tyrrell 012	33 Runden, Unfall
13. Philippe Alliot	RAM 02	33 Runden, Unfall
14. Nigel Mansell	Lotus 95 T	28 Runden, Getriebe
15. Thierry Boutsen	Arrows A 7	27 Runden, Motor
16. Andrea de Cesaris	Ligier JS 23	25 Runden, Hinterradaufhängung
17. Johnny Cecotto	Toleman TG 184	24 Runden, Kupplung
18. Eddie Cheever	Alfa Romeo 184 T	22 Runden, Ladeluftkühler
19. Ayrton Senna	Toleman TG 184	21 Runden, Unfall
20. Riccardo Patrese	Alfa Romeo 184 T	21 Runden, Hinterradaufhängung
21. Piercarlo Ghinzani	Osella FA 1 F	4 Runden, Kollision mit Hesnault
22. Francois Hesnault	Ligier JS 23	3 Runden, Kollision mit Ghinzani
23. Rene Arnoux	Ferrari 126 C4	3 Runden, Unfall
24. Dr. Jonathan Palmer	RAM 02	2 Runden, Unfall
25. Manfred Winkelhock	ATS D 7	1 Runde , Motor

* disqualifiziert

SCHNELLSTE RUNDE (32. Runde)

Derek Warwick Renault RE 50 1.46,221 = 136,346 km/h

31	32	33	34	35	36	37	38	39	40	41	42	43	44	45	46	47	48	49	50	51	52	53	54	55	56	57	58	59	60	61	62	63
1	1	1	1	1	1	1	1	1	1	1	1	1	1	1	1	1	1	1	1	1	1	1	1	1	1	1	1	1	1	1	1	1
27	27	27	27	27	27	27	27	27	27	27	27	27	27	27	27	27	27	(27)	11	11	11	11	11	11	3	3	3	3	3	3	3	3
11	11	11	11	16	16	11	11	11	11	11	11	11	11	11	11	11	11	11	3	3	3	3	3	3	11	11	11	11	11	11	11	11
6	6	6	16	11	11	6	6	6	6	6	6	6	6	3	3	3	3	3	2	2	2	2	2	2	2	2	2	2	2	2	2	2
3	4	16	6	6	6	16	16	16	(16)	3	3	3	3	6	6	(6)	2	2	7	7	7	7	7	7	7	7	7	7	7	7	7	7
4	(3)	(4)	7	7	3	3	3	3	3	7	2	2	2	2	2	2	7	7	5	5	5	5	5	5	5	5	5	5	5	5	5	
16	16	7	3	3	7	7	7	7	7	2	(7)	5	5	5	5	5	(5)	5														
7	7	3	2	2	2	2	2	2	2	5	5	7	7	7	7	7																
2	2	2	5	5	5	5	5	5	5																							
8	8	(8)	(15)																													
5	5	5	(8)																													
15	15	15																														
9	9	9																														

WERTUNGSPUNKTE

Fahrer: Prost 35,5, Lauda 24, de Angelis 22, Piquet 18, Arnoux 17, Warwick 13, Rosberg 11,5, Alboreto 9,5, Tambay 8, Senna 5, Mansell 5, T. Fabi 4, Cheever 3, Patrese 3, de Cesaris 3, Boutsen 3, Laffite 2

Konstrukteure: McLaren 59,5, Lotus 27, Ferrari 26,5, Brabham 22, Renault 21, Williams 13,5, Alfa Romeo 6, Toleman 5, Ligier 3, Arrows 3

Großer Preis von Dallas

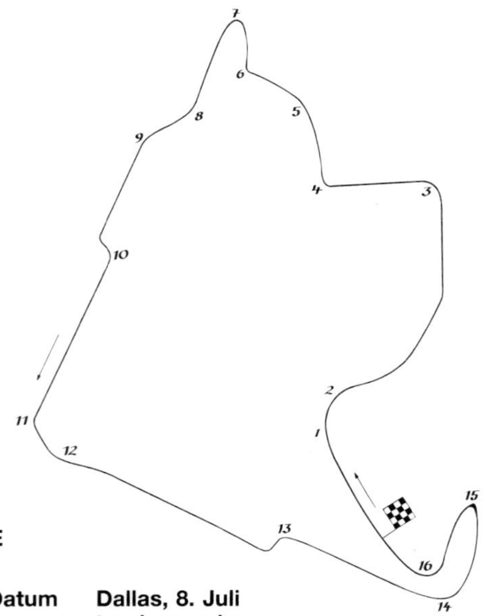

STRECKE

Ort und Datum	**Dallas, 8. Juli**
Wetter	**trocken, sehr warm**
Streckenlänge	**3,898 km**
Runden	**67**
Renndistanz	**261,166 km**

Das Rennen fand 1984 zum erstenmal statt

TRAININGSZEITEN

			6. Juli	7. Juli
1	Nelson Piquet	Brabham BT 53	1.39,439	1.39,630
2	Corrado Fabi	Brabham BT 53	1.38,960	1.41,097
4	Stefan Bellof	Tyrrell 012	1.40,336	1.41,680
5	Jacques Laffite	Williams FW 09	1.43,304	1.46,257
6	Keijo Rosberg	Williams FW 09	1.38,767	1.39,438
7	Alain Prost	McLaren MP4/2	1.38,544	1.41,344
8	Niki Lauda	McLaren MP4/2	1.37,987	1.41,835
10	Dr. Jonathan Palmer	RAM 02	1.44,676	1.47,566
11	Elio de Angelis	Lotus 95 T	1.37,635	–
12	Nigel Mansell	Lotus 95 T	1.37,041	–
14	Manfred Winkelhock	ATS D 7	1.39,860	1.40,289
15	Patrick Tambay	Renault RE 50	1.38,907	1.40,790
16	Derek Warwick	Renault RE 50	1.38,285	1.37,708
17	Marc Surer	Arrows A 7	1.44,503	1.42,592
18	Thierry Boutsen	Arrows A 7	1.41,840	1.41,318
19	Ayrton Senna	Toleman TG 184	1.38,256	–
20	Johnny Cecotto	Toleman TG 184	1.40,027	–
21	Huub Rothengatter	Spirit 101 B	1.43,084	1.43,735
22	Riccardo Patrese	Alfa Romeo 184 T	1.41,328	1.50,277
23	Eddie Cheever	Alfa Romeo 184 T	1.39,911	1.40,773
24	Piercarlo Ghinzani	Osella FA 1 F	1.41,176	1.42,439
25	Francois Hesnault	Ligier JS 23	1.41,303	–
26	Andrea de Cesaris	Ligier JS 23	1.40,095	1.41,464
27	Michele Alboreto	Ferrari 126 C4	1.38,793	1.42,005
28	Rene Arnoux	Ferrari 126 C4	1.37,785	1.39,633
Nicht qualifiziert:				
9	Philippe Alliot	RAM 02	1.43,222	–
3	Martin Brundle	Tyrrell 012	2.31,960	–

Training

Wer Detroit schmähte, kannte Dallas noch nicht. In der Stadt der Ewings und ihrer sympathischen Freunde erwarteten ihn noch mehr Beton und noch weniger Auslauf, noch schlechtere Sicht und noch höheres Risiko. Bei Lufttemperaturen zwischen 35 und 40 Grad brach sofort die Fahrbahndecke auf und erreichte trotz ständiger Reparaturen nie wieder den Originalzustand. Da wären Prost und Co. lieber noch einmal in Detroit gestartet.

Die Hauptaufgabe der Fahrer auf den zweieinhalb Meilen durch Dallas' Fair Park bestand darin, die Route laufend der veränderlichen Strecke anzupassen und dabei die hüpfenden Wagen ohne anzuecken über die texanisch »größten und besten« Bodenwellen zu bringen. Von geringerer Bedeutung waren der Verkehr, das erfolgreiche Ausmanövrieren der bald überall abgestellten Wracks, die Unterbrechungen und die Tatsache, daß die Qualifikationsreifen hier nicht eine Runde hielten. Ganz zum Schluß kam dann der Kampf um die auf solchen Kursen besonders wichtigen Startpositionen...

Wie schwierig und unberechenbar dies alles war, zeigten schon zwei Abflüge von Lauda an einem Trainingstag. Beide Male hob es selbst den erfahrenen Österreicher auf den Buckeln aus und schleuderte ihn hilflos in die massive Streckenbegrenzung. Für Alliot, der dabei einen Totalschaden fabrizierte, bedeutete das gleiche Malheur wegen eines fehlenden Reserve-RAM den unfreiwilligen Startverzicht, und noch schwerer traf es Brundle, der sich bei der Reflektion zwischen den Mauern die Beine brach. Den erst in Detroit so ins Rampenlicht getretenen jungen Briten erwartete ein wesentlich längerer Genesungsurlaub als den in Monaco verunglückten Tambay.

Auf der sportlich-technischen Seite beeindruckten vor allem die Lotus-Fahrer. Mit deutlich verbessertem Pick-up ihrer Turbos und den neuen Goodyears entschieden Mansell und de Angelis das erste Zeittraining für sich und hatten das Glück, daß ihnen im zweiten keiner mehr die guten Plazierungen streitig machen konnte. Die zunehmende Fahrbahnverschmutzung durch Belagreste, Gummiabrieb und Öl erlaubte es ihnen sogar, das Abschlußtraining »auszusitzen«. Für den dritten Platz qualifizierte sich Warwick, der wie Tambay zur Erhaltung eines Mindestfahrkomforts auf den Saugeffekt der Bodenverkleidung verzichtete, und dahinter reihten sich Arnoux, Lauda, Senna, Prost, Rosberg und Alboreto. Die Ferrari-Fahrer bedienten sich wieder der elektronischen Kraftstoffeinspritzung, das McLaren-Duo tauschte zum erstenmal die Startpositionen, Senna litt mehr als die meisten seiner weiter nördlich beheimateten Mitstreiter unter der mörderischen Hitze und Rosberg leistete sich am Ende noch einen teuren Ausritt.

Rennen

Alain Prost hatte recht: Das Rennen konnte nur gewinnen, wer ein besonderes Gefühl für Richtungsstabilität und eine außergewöhnliche Kondition besaß. Die Piste war nach 50 Runden eines Pseudo-CanAm-Rennens in einem Zustand, der anstelle der Fahrer zum Warm-up den Streckendienst mit einer schnellaushärtenden Zement- und Epoxidharz-Mischung auf den Plan rief, und die Temperaturen pendelten schon bald wieder bei 40 Grad. Das Kurztraining wurde durch zusätzliche Anwärmrunden vor dem Start ersetzt, die Renndistanz nach der Zweistundenklausel von 300 auf 260 Kilometer gekürzt – und ein drohender Fahrerstreik durch mangelnde Solidarität verhindert.

Wer jedoch glaubte, all diese unangenehmen Begleiterscheinungen hätten die Einstellung der Fahrer zum Rennen selbst auch nur im geringsten geändert, sah sich schwer enttäuscht. Bei Grün erfolgte ein Start, der den Schocker von Detroit ins vorige Jahrhundert verbannte, und die 67 Runden danach boten vielleicht nicht Grand Prix, aber Formel 1 total. Wie schwarze Pfeile schnellten die Lotus-Renault von der Linie und hinter Mansell und de Angelis drängten sich Warwick, Senna, Lauda, Rosberg, Prost, Alboreto, Tambay, Cheever, Piquet, de Cesaris, Laffite, Bellof und die andern. Keine Karambolage störte das prächtige Bild, in dem nur der zweite Ferrari fehlte – Rene Arnoux war durch seinen viel zu spät angesprungenen Motor auf den letzten Startplatz geraten.

Etwas mehr als das halbe Rennen gehörte Mansell. Der dem Sieg schon öfter nahe und doch noch nie siegreiche Brite führte drei Runden lang vor seinem Stallgefährten, behauptete sich gegen Warwick und Lauda, bis de Angelis in der zwölften Runde wieder zu ihm

Glücklicher Honda-Sieg durch Keke Rosberg

stieß, und wies zwischen der 19. und 36. abwechselnd Rosberg und Prost zurück. Dann streifte er eine Mauer, verlor einen Platz um den andern, versuchte es mit frischen Reifen, verlor auch die Lust und blieb schließlich im Mittelfeld stecken.

Aus der in der Startrunde noch siebenköpfigen Verfolgergruppe schied zuerst Senna aus. Der seiner Meinung nach in Monaco um den Sieg betrogene Toleman-Fahrer machte schon in der zweiten Runde den gleichen Fehler wie Mansell, wiederholte ihn wenig später und kam nach den fälligen Boxenstopps nicht mehr vom Feldende weg. Zwischen der fünften und 15. Runde deplazierten Tambay, Piquet, de Cesaris und der sich nach seinem anfänglichen Pech in Höchstform befindliche Arnoux den etwas müde wirkenden Alboreto, und in der elften endete Warwick nach einem unüberlegten Angriff auf den Spitzenreiter in einem Reifenstapel. Für den Sieger von Montreal und Detroit war es das erste Erfolgserlebnis in diesen Tagen, denn Brabham hatte ihn und den jüngeren Fabi weder mit einem größeren Ölkühler im Bug noch mit je einem kleinen Aggregat vorn und seitlich über die sechste Startreihe gebracht.

Nach dem Führungswechsel in der 36. Runde hatten noch sechs Fahrer die Chance, das Rennen zu gewinnen: Rosberg, Prost, de Angelis, Lauda, Piquet und der wie »die Hämmer gehende« Arnoux. Und je weiter es fortschritt, um so mehr schien wieder Prost der Glücklichezu sein. In kürzester Zeit glich er fünf durch Mansell verlorene Sekunden aus, überstand schadlos eine kleinere Reiberei mit der Wand, überholte Rosberg und zog dem Finnen wie einem Überrundeten unaufhaltsam davon. Doch elf Runden vor Schluß trat das Unfaßliche ein: Ausgerechnet er streifte noch einmal die Mauer und blieb dann im toten Winkel einer Innenbande stehen. An der gleichen Stelle parkten bereits Surer und Boutsen, die diesmal beide über BMW-M-Power verfügten, und ab der 61. Runde auch – Lauda. Die McLaren-Twins hatten wohl genug Kraft, aber nicht das besondere Gefühl für die Strecke...

Da mittlerweile auch Piquet mit klemmendem Gasgestänge in eine Barriere gerutscht und de Angelis eine ganze Runde zurückgefallen war, blieben für den Endspurt nur noch Rosberg und Arnoux. Doch der Franzose forderte das Schicksal nicht weiter heraus und gab sich mit sechs Punkten zufrieden. Hinter de Angelis und Laffite versuchte Mansell seinen im Leerlauf festsitzenden Lotus über die Ziellinie zu schieben. Als er kurz davor ohnmächtig zusammenbrach, übernahm Ghinzani den fünften Platz.

RUNDENTABELLE

12	Nigel Mansell	Lotus 95 T
11	Elio de Angelis	Lotus 95 T
16	Derek Warwick	Renault RE 50
28	Rene Arnoux	Ferrari 126 C4
8	Niki Lauda	McLaren MP4/2
19	Ayrton Senna	Toleman TG 184
7	Alain Prost	McLaren MP4/2
6	Keijo Rosberg	Williams FW 09
27	Michele Alboreto	Ferrari 126 C4
15	Patrick Tambay	Renault RE 50
2	Corrado Fabi	Brabham BT 53
1	Nelson Piquet	Brabham BT 53
14	M. Winkelhock	ATS D 7
23	Eddie Cheever	Alfa Romeo 184 T
20	Johnny Cecotto	Toleman TG 184
26	Andrea de Cesaris	Ligier JS 23
4	Stefan Bellof	Tyrrell 012
24	Piercarlo Ghinzani	Osella FA 1 F
25	Francois Hesnault	Ligier JS 23
18	Thierry Boutsen	Arrows A 7
22	Riccardo Patrese	Alfa Romeo 184 T
17	Marc Surer	Arrows A 7
21	Huub Rothengatter	Spirit 101 B
5	Jacques Laffite	Williams FW 09
10	Dr. J. Palmer	RAM 02

1	2	3	4	5	6	7	8	9	10	11	12	13	14	15	16	17	18	19	20	21	22	23	24	25	26	27	28	29	30
12	12	12	12	12	12	12	12	12	12	12	12	12	12	12	12	12	12	12	12	12	12	12	12	12	12	12	12	12	12
11	11	11	16	16	16	16	16	16	16	8	11	11	11	11	11	11	11	6	6	6	6	6	6	6	6	6	6	6	6
16	16	16	11	11	11	8	8	8	8	11	8	8	6	6	6	6	6	11	11	11	11	11	11	11	11	11	11	11	7
19	8	8	8	8	8	11	11	11	11	6	6	6	8	8	8	7	7	7	7	7	7	7	7	7	7	7	7	7	11
8	6	6	6	6	6	6	6	6	6	7	7	7	7	7	7	8	8	8	8	8	8	8	8	8	8	8	8	8	8
6	7	7	7	7	7	7	7	7	7	15	15	15	15	15	15	15	15	15	15	15	15	15	15	15	1	1	1	1	1
7	27	27	27	15	15	15	15	15	15	1	1	1	1	1	1	1	1	1	1	1	1	1	1	1	28	28	28	28	28
27	15	15	15	27	27	1	1	1	1	26	26	26	26	26	28	28	28	28	28	28	28	28	28	28	5	5	5	5	5
15	1	1	1	1	1	27	26	26	26	27	27	27	27	28	27	27	2	2	27	24	24	24	24	24	24	24	24	24	24
23	23	23	26	26	26	26	27	27	27	2	2	2	2	27	2	2	27	27	24	5	5	5	5	5	18	18	18	18	18
1	26	26	23	23	23	23	23	2	2	28	28	28	28	2	24	24	24	24	5	18	18	18	18	18	2	2	2	2	2
26	2	2	2	2	2	2	2	4	28	24	24	24	24	24	18	18	18	5	18	(27)	2	2	2	2	27	27	27	27	27
2	4	4	4	4	4	4	4	28	24	18	18	18	18	18	5	5	5	18	2	2	27	27	27	27	17	17	17	17	17
4	24	24	24	24	24	24	24	24	18	5	5	5	5	5	17	17	17	17	17	17	17	17	17	17	14	14	14	14	14
24	18	18	18	18	18	18	18	18	5	22	22	17	17	17	14	14	14	14	14	14	14	20	20	14	10	10	10	10	10
18	28	28	28	28	28	28	28	5	22	17	17	22	14	14	10	10	10	10	20	20	20	14	14	20	(20)	19	19	19	19
22	22	5	5	5	5	5	5	23	17	14	14	14	10	10	20	20	20	20	10	10	10	10	10	10	19				
28	5	22	22	22	22	22	22	22	14	10	10	10	20	20	19	19	19	19	19	19	19	19	19	19					
5	17	17	17	17	17	17	17	17	10	20	20	20	21	21															
17	14	14	14	14	14	14	14	14	(21)	21	21	21	19	19															
14	21	21	21	21	21	21	21	21	20	19	19	19																	
21	10	10	10	10	10	10	10	10	19																				
10	19	19	(19)	19	19	19	19	(19)																					
(20)	20	20	20	20	20	20	20	20																					

STARTAUFSTELLUNG

11 Elio de Angelis
1.37,635

28 Rene Arnoux*
1.37,785

19 Ayrton Senna
1.38,256

6 Keijo Rosberg
1.38,767

15 Patrick Tambay
1.38,907

1 Nelson Piquet
1.39,439

23 Eddie Cheever
1.39,911

26 Andrea de Cesaris
1.40,095

24 Piercarlo Ghinzani
1.41,176

18 Thierry Boutsen
1.41,318

17 Marc Surer
1.42,592

5 Jacques Laffite
1.43,304

* vom Feldende gestartet

12 Nigel Mansell
1.37,041

16 Derek Warwick
1.37,708

8 Niki Lauda
1.37,987

7 Alain Prost
1.38,544

27 Michele Alboreto
1.38,793

2 Corrado Fabi
1.38,960

14 Manfred Winkelhock
1.39,860

20 Johnny Cecotto
1.40,027

4 Stefan Bellof
1.40,336

25 Francois Hesnault
1.41,303

22 Riccardo Patrese
1.41,328

21 Huub Rothengatter
1.43,084

10 Dr. Jonathan Palmer
1.44,676

ERGEBNISSE UND AUSFÄLLE

1. Keijo Rosberg	Williams FW 09	2:01.22,617 = 129,101 km/h
2. Rene Arnoux	Ferrari 126 C4	2:01.45,081
3. Elio de Angelis	Lotus 95 T	66 Runden
4. Jacques Laffite	Williams FW 09	65 Runden
5. Piercarlo Ghinzani	Osella FA 1 F	65 Runden
6. Nigel Mansell	Lotus 95 T	64 Runden, Getriebe
7. Corrado Fabi	Brabham BT 53	64 Runden
8. Manfred Winkelhock	ATS D 7	64 Runden
9. Niki Lauda	McLaren MP4/2	60 Runden, Unfall
10. Alain Prost	McLaren MP4/2	56 Runden, Unfall
11. Thierry Boutsen	Arrows A 7	55 Runden, Motor
12. Michele Alboreto	Ferrari 126 C4	54 Runden, Unfall
13. Marc Surer	Arrows A 7	54 Runden, Unfall
14. Ayrton Senna	Toleman TG 184	48 Runden, Gelenkwelle
15. Dr. Jonathan Palmer	RAM 02	46 Runden, Zündung
16. Nelson Piquet	Brabham BT 53	45 Runden, Unfall
17. Johnny Cecotto	Toleman TG 184	26 Runden, Unfall
18. Patrick Tambay	Renault RE 50	25 Runden, Unfall
19. Andrea de Cesaris	Ligier JS 23	15 Runden, Unfall
20. Huub Rothengatter	Spirit 101 B	15 Runden, Kraftstoffzufuhr
21. Riccardo Patrese	Alfa Romeo 184 T	13 Runden, Unfall
22. Derek Warwick	Renault RE 50	10 Runden, Unfall
23. Stefan Bellof*	Tyrrell 012	9 Runden, Unfall
24. Eddie Cheever	Alfa Romeo 184 T	9 Runden, Unfall
25. Francois Hesnault	Ligier JS 23	Startrunde, Kollision mit Cecotto

* disqualifiziert

SCHNELLSTE RUNDE (22. Runde)

Niki Lauda McLaren MP4/2 1.45,353 = 133,198 km/h

31	32	33	34	35	36	37	38	39	40	41	42	43	44	45	46	47	48	49	50	51	52	53	54	55	56	57	58	59	60	61	62	63	64	65	66	67
12	12	12	12	12	6	6	6	6	6	6	6	6	6	6	6	6	6	7	7	7	7	7	7	7	7	6	6	6	6	6	6	6	6	6	6	6
6	6	7	7	6	12	7	7	7	7	7	7	7	7	7	7	7	7	6	6	6	6	6	6	6	6	28	28	28	28	28	28	28	28	28	28	28
7	7	6	6	7	7	11	11	11	11	11	8	8	8	8	8	8	8	8	8	28	28	28	28	28	28	8	8	8	8	11	11	11	11	11	11	
11	11	11	11	11	11	8	8	8	8	8	11	11	11	11	28	28	28	28	28	8	8	8	8	8	8	11	11	11	11	5	5	5	5	5		
8	8	8	8	8	8	12	(12)	28	28	28	28	28	28	28	11	11	11	11	11	11	11	11	11	11	11	5	5	5	5	12	12	12	12	24		
1	1	1	1	1	1	1	1	1	1	1	1	1	1	1	12	12	12	27	27	27	27	27	27	5	5	12	12	12	12	24	24	24	24			
28	28	28	28	28	28	28	28	12	12	12	12	12	12	12	27	27	27	12	12	12	5	5	5	12	12	24	24	24	24	2	2	2	2			
5	5	5	5	5	5	5	5	5	5	5	5	5	5	27	5	5	5	5	5	5	12	12	12	18	24	2	2	2	2	14	14	14	14			
18	18	18	18	27	27	27	27	27	27	27	27	27	27	5	18	18	18	18	18	18	18	18	18	2	2	14	14	14	14							
(24)	2	27	27	18	18	18	18	18	18	18	18	18	18	18	2	2	2	2	2	2	2	2	2	24	14											
2	27	2	2	2	2	2	2	2	2	2	2	2	2	2	24	24	24	24	24	24	24	24	24	14												
27	24	24	24	24	24	24	24	24	24	24	24	24	24	24	17	17	17	17	17	17	17	17	17													
17	17	17	17	17	17	17	17	17	17	17	17	17	17	17	19	19	14	14	14	14	14	14	14													
14	14	14	14	14	14	14	14	14	14	14	14	14	14	14	14	14	19																			
10	10	10	10	10	10	10	19	19	19	19	19	19	19	19	10																					
19	19	19	19	19	19	19	10	10	10	10	10	10	10	10																						

WERTUNGSPUNKTE

Fahrer: Prost 35,5, de Angelis 26, Lauda 24, Arnoux 23, Rosberg 20,5, Piquet 18, Warwick 13, Alboreto 9,5, Tambay 8, Mansell 6, Senna 5, Laffite 5, T. Fabi 4, Cheever 3, Patrese 3, de Cesaris 3, Boutsen 3, Ghinzani 2

Konstrukteure: McLaren 59,5, Ferrari 32,5, Lotus 32, Williams 29,5, Brabham 22, Renault 21, Alfa Romeo 6, Toleman 5, Ligier 3, Arrows 3, Osella 2

Großer Preis von England

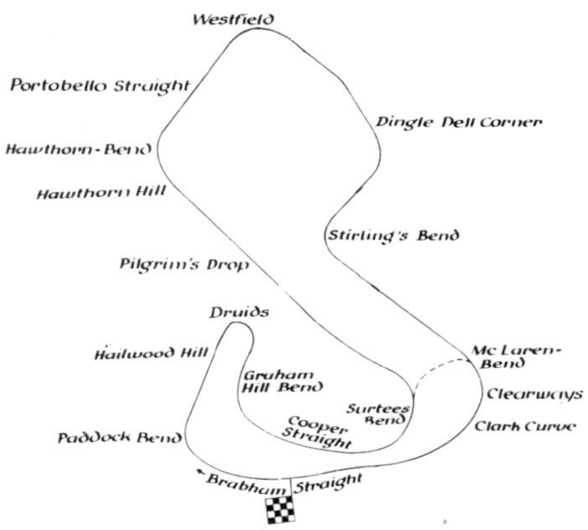

STRECKE

Ort und Datum	**Brands Hatch, 22. Juli**
Wetter	**trocken, sehr warm**
Streckenlänge	**4,206 km**
Runden	**71**
Renndistanz	**298,626 km**
Bestehender Rundenrekord	**1.12,368 = 209,239 km/h Didier Pironi, Ligier JS 11/15, GP 1980**
GP-Sieger 1983 (Silverstone)	**Alain Prost, Renault RE 40 1:24.39,780 = 224,069 km/h**

TRAININGSZEITEN

			20. Juli	21. Juli
1	Nelson Piquet	Brabham BT 53	1.14,568	1.10,869
2	Teo Fabi	Brabham BT 53	1.17,731	1.14,040
3	Stefan Johansson	Tyrrell 012	1.18,460	1.17,777
4	Stefan Bellof	Tyrrell 012	1.17,893	1.17,912
5	Jacques Laffite	Williams FW 09 B	1.14,568	1.26,939
6	Keijo Rosberg	Williams FW 09 B	1.13,740	1.11,603
7	Alain Prost	McLaren MP4/2	1.11,494	1.11,076
8	Niki Lauda	McLaren MP4/2	1.11,598	1.11,344
9	Philippe Alliot	RAM 02	1.24,043	1.17,517
10	Dr. Johathan Palmer	RAM 02	1.18,244	1.17,265
11	Elio de Angelis	Lotus 95 T	1.11,734	1.11,573
12	Nigel Mansell	Lotus 95 T	1.13,184	1.12,435
14	Manfred Winkelhock	ATS D 7	1.13,713	1.13,374
15	Patrick Tambay	Renault RE 50	1.14,106	1.13,138
16	Derek Warwick	Renault RE 50	1.12,278	1.11,703
17	Marc Surer	Arrows A 7	1.17,040	1.14,336
18	Thierry Boutsen	Arrows A 7	1.15,355	1.13,528
19	Ayrton Senna	Toleman TG 184	1.11,890	1.13,991
20	Johnny Cecotto*	Toleman TG 184	–	–
21	Huub Rothengatter	Spirit 101 B	1.17,665	1.16,759
22	Riccardo Patrese	Alfa Romeo 184 T	1.14,871	1.14,568
23	Eddie Cheever	Alfa Romeo 184 T	1.15,113	1.14,609
24	Piercarlo Ghinzani	Osella FA 1 F	1.16,466	1.16,829
25	Francois Hesnault	Ligier JS 23	1.17,384	1.15,837
26	Andrea de Cesaris	Ligier JS 23	1.16,116	1.15,112
27	Michele Alboreto	Ferrari 126 C4	1.13,645	1.13,122
28	Rene Arnoux	Ferrari 126 C4	1.14,281	1.13,934
30	Jo Gartner	Osella FA 1 F	1.18,347	1.18,121

* Trainingsunfall

Training

Zwei Tage vor Trainingsbeginn in Brands Hatch holte die FISA zum Rundschlag aus. Mit 6000 Dollars wurde Nigel Mansell für sein Fehlverhalten beim Start zum Großen Preis von Detroit zur Kasse gebeten, und den gleichen Betrag forderte das Exekutivkomitee des internationalen Automobilsportverbands auch von Jacky Ickx für den besonders in England heftig kritisierten Abbruch des Großen Preises von Monaco. Allerdings warfen die Funktionäre dem dazu noch bis Jahresende gesperrten Rennleiter nicht Bestechlichkeit, sondern einen schweren Regelverstoß durch die ohne Zustimmung der Stewards of the Meeting getroffene Entscheidung vor.
Am härtesten traf es jedoch Ken Tyrrell und seine Schützlinge. Den 24 Mitgliedern der Jury genügte der Fund einer größeren Menge offenbar »nachgetankter« Bleikugeln im Wasserbehälter von Martin Brundle bei der Schlußabnahme in Detroit, um sowohl der Marke als auch beiden Fahrern alle bisher erkämpften Punkte abzuerkennen und das Team vom laufenden Wettbewerb auszuschließen. Der britische Rennstall erwirkte zwar noch eine einstweilige Verfügung gegen diese höchste Strafe in der 35jährigen Geschichte der Automobilweltmeisterschaft, erreichte damit für Stefan Bellof und Brundle-Vertreter Stefan Johansson aber nur die Teilnahme außer Wertung.
Zehn Minuten nach Trainingsbeginn schied auch der ruhige und sympathische Johnny Cecotto für den Rest der Saison aus. Der venezolanische Motorrad-Exweltmeister war in seiner dritten Runde bei Westfield frontal in die Streckenbegrenzung geknallt und hatte sich wie Martin Brundle komplizierte Beinbrüche zugezogen. Seine Bergung aus dem plattgedrückten Toleman, der zuerst auseinandergesägt werden mußte, dauerte über eine halbe Stunde.

Rennen

Ein Blitzstart der Trainingsschnellsten setzte den Zweikampf zwischen Piquet und Prost, Brabham und McLaren, BMW und TAG/Porsche fort. Fast auf glei-

cher Höhe nahmen sie die stark nach rechts fallende Paddock Bend und der Weltmeister verdankte seine Führung allein der von ihm selbst gewählten Poleposition auf der Innenseite der Strecke. Dicht hinter den beiden stachen de Angelis, Lauda, Warwick, Mansell, Rosberg, Alboreto, Senna, Tambay, Boutsen, Winkelhock, Arnoux und Fabi in den schnellen Rechtshänder, und während alle 14 noch in der gleichen Reihenfolge über Cooper Straight und Surtees Bend in die Wälder jenseits der weitläufigen Boxen- und Tribünenanlagen entschwanden, zollten in der Graham Hill Bend bereits vier Fahrer der hohen Anfangsgeschwindigkeit Tribut. Durch einen Dreher von Patrese zu unkontrollierten Brems- und Ausweichmanövern gezwungen, kollidierten Alliot, Cheever und Johansson, wobei der RAM den Alfa Romeo und den Tyrrell glatt übersprang, und Augenblicke später auch Gartner und Palmer. Für Alliot, Johansson und Gartner endete das Rennen auf der Stelle, der flügellahme Cheever erreichte noch die Boxen.
Als Piquet und Prost die noch in Staub und Feuerlöschpulver gehüllten Wracks auf ihrer zweiten Runde passierten, lagen sie schon deutlich vor de Angelis, Lauda und Warwick, die sich ebenso klar von Rosberg, Alboreto, Senna, Mansell, Tambay, Boutsen, Winkelhock, Arnoux und Fabi abgesetzt hatten. Dann löste Piquet sich auch von Prost, während Lauda und Warwick de Angelis überholten, und in der vierten Runde ging Senna an Alboreto vorbei. Das außerordentlich faire und sachkundige Publikum applaudierte dem jungen Brasilianer mehr als den eigenen Landsleuten.
Ein leichter Rückfall von Prost und Laudas gleichzeitige Annäherung signalisierten keine technischen Probleme. Der Franzose wischte sich nur das Öl, das Piquet reichlich auf ihn und dann auch über seinen Stallgefährten sprühte, vom Visier, griff erneut an und stieß in der zwölften Runde unter der klebrigen Dusche hervor. Lange währte seine Freude darüber jedoch nicht, denn inzwischen steckte Palmers RAM bei Clearways in einem Reifenstapel und bedingte durch seinen gefährlichen Parkplatz den diesmal unumstrittenen Abbruch des Rennens.
Nach den zusätzlichen Ausfällen von Rosberg, Winkelhock, Palmer und Fabi traten zum zweiten Start nur 19 Fahrer in der Reihenfolge der zuletzt gewerteten, da von allen vollendeten elften Runde an. Trotz zweier verlorener Plätze und eines außerplanmäßigen Reifenwechsels hatte Piquet also die Möglichkeit, sofort wie-

Den ersten Start »gewann« Nelson Piquet...

...den zweiten (rechts oben) Alain Prost. Ein Getriebeschaden des Franzosen (oben) brachte Niki Lauda

erek Warwick und Ayrton Senna da Silva (rechts unten) nach vorn

der in Führung zu gehen. Doch diesmal beschleunigte Prost seinen Konkurrenten aus und fuhr ihm schon in der zwölften der insgesamt 71 Runden auf und davon. An seiner Stelle setzte Lauda dem Brasilianer zu und entfernte sich mit ihm schnell von Warwick, Tambay, de Angelis, Alboreto, Senna, Mansell, de Cesaris, Boutsen und Arnoux.
Niki Lauda benötigte 17 Runden und die Auffahrt nach Druids, um Piquet beim Anbremsen der Spitzkehre abzufangen und dann sein Tempo selbst zu bestimmen. Dennoch konnte er nicht verhindern, daß Prost seinen Vorsprung bis zur 36. Runde noch von sechs auf elf Sekunden streckte und dabei mehrfach die laufende Bestzeit unterbot. Hinter Lauda und Piquet, die mit schwankenden Abständen zwischen drei und sieben Sekunden bald an die oft zeitraubende Überrundung der Fahrer im Mittelfeld gingen, fuhr Warwick solo, stritten sich Tambay, de Angelis und Senna um den fünften Platz und rang das Ferrari-Duo mit de Cesaris um den achten. Das in Maranello immer wieder abgewiesene und schließlich bei Ligier untergeschlüpfte Enfant terrible der italienischen Grand Prix-Truppe kostete seine Rache bis zur Neige aus.
Beinahe das halbe Rennen und zwei ungewertete Runden dominierte Alain Prost. Niemand zweifelte je an seinem Sieg – sein Stil, seine Technik und sein Auto waren einfach zu perfekt. So dauerte es eine Zeit, bis man seinen plötzlich schwindenden Vorsprung überhaupt bemerkte und ihn in der 39. Runde bewußt an die Boxen fahren sah. Die Mechaniker wechselten noch die Räder, als er sich bei seinem Teamchef endlich Gehör verschaffen und mit dem eigenen Ausfall den Verlust von zwei Gängen melden konnte. Ein Getriebelager hatte sich im Schaltstreß aufgerieben.
Nach dem überraschenden Führungswechsel tat sich nicht mehr viel. An der Spitze arbeiteten sich Lauda und Piquet weiter durch das zu überrundende Mittelfeld, wobei de Cesaris auch dem Österreicher heftigen Widerstand leistete, und in den beiden Dreiergruppen setzten sich Senna und Alboreto durch. Zwischen Arnoux und de Cesaris kam es in Druids noch zu einem Zusammenstoß, der am Ligier die Geometrie der Hinterräder etwas durcheinanderbrachte, und Piquet legte die letzten vier Runden ohne Ladedruck zurück. Während Lauda seinen ebenso glücklichen wie verdienten 22. Grand Prix-Sieg feierte, blieb dem nun endgültig abgetretenen Weltmeister nur der undankbare siebte Platz.

RUNDENTABELLE

1	Nelson Piquet	Brabham BT 53
7	Alain Prost	McLaren MP4/2
8	Niki Lauda	McLaren MP4/2
11	Elio de Angelis	Lotus 95 T
6	Keijo Rosberg	Williams FW 09 B
16	Derek Warwick	Renault RE 50
19	Ayrton Senna	Toleman TG 184
12	Nigel Mansell	Lotus 95 T
27	Michele Alboreto	Ferrari 126 C4
15	Patrick Tambay	Renault RE 50
14	M. Winkelhock	ATS D 7
18	Thierry Boutsen	Arrows A 7
28	Rene Arnoux	Ferrari 126 C4
2	Teo Fabi	Brabham BT 53
17	Marc Surer	Arrows A 7
5	Jacques Laffite	Williams FW 09 B
22	Riccardo Patrese	Alfa Romeo 184 T
23	Eddie Cheever	Alfa Romeo 184 T
26	Andrea de Cesaris	Ligier JS 23
25	Francois Hesnault	Ligier JS 23
24	Piercarlo Ghinzani	Osella FA 1 F
21	Huub Rothengatter	Spirit 101 B
10	Dr. J. Palmer	RAM 02
9	Philippe Alliot	RAM 02
3	Stefan Johansson	Tyrrell 012
4	Stefan Bellof	Tyrrell 012
30	Jo Gartner	Osella FA 1 F

1	2	3	4	5	6	7	8	9	10	11		
1	1	1	1	1	1	1	1	1	1	1	7	7
7	7	7	7	7	7	7	7	7	7	7	8	8
11	8	8	8	8	8	8	8	8	8	8	1	(1)
8	16	16	16	16	16	16	16	16	16	16	16	16
16	11	11	11	11	11	11	11	11	11	11	11	11
6	6	6	6	19	19	19	19	19	19	19	19	19
27	27	27	19	27	27	27	27	27	27	27	27	27
12	19	19	27	15	15	15	15	15	15	15	15	15
19	15	15	15	12	12	12	12	12	12	12	12	
15	12	12	12	18	18	18	18	2	18	18	18	
18	18	18	18	14	14	2	2	18	26	26	26	
14	14	14	14	2	2	14	14	26	28	28	28	
28	2	2	2	26	26	26	26	28	5	5	5	
2	28	26	26	28	28	28	28	5	17	17	22	
26	26	28	28	17	17	17	5	17	2	22	17	
17	17	17	17	5	5	5	17	22	22	24	24	
5	5	5	5	(6)	24	24	24	24	24	4	4	
24	24	24	24	24	10	22	22	10	10	25	25	
4	10	10	10	10	22	10	10	4	4	21	21	
10	4	4	4	4	4	4	4	25	25			
25	22	22	22	22	25	25	25	21	21			
22	25	25	25	25	21	21	21					
21	21	21	21	21								
(23)												

Abbruch und Neustart

12	13	14	15	16	17	18	19	20	21	22	23	24	25
7	7	7	7	7	7	7	7	7	7	7	7	7	7
1	1	1	1	1	1	1	1	1	1	1	1	1	1
8	8	8	8	8	8	8	8	8	8	8	8	8	8
16	16	16	16	16	16	16	16	16	16	16	16	16	16
15	15	15	15	15	15	15	15	15	15	15	15	15	15
11	11	11	11	11	11	11	11	11	11	11	11	11	11
27	19	19	19	19	19	19	19	19	19	19	19	19	19
19	27	26	26	26	26	26	26	26	26	26	26	26	26
12	26	27	27	27	27	27	27	27	27	27	27	28	28
26	18	18	18	18	28	28	28	28	28	28	28	27	27
18	28	28	28	28	18	18	18	18	18	18	12	12	24
28	12	12	12	12	12	12	12	12	12	12	(18)	24	17
24	24	24	24	24	24	24	24	24	24	24	24	17	22
17	17	17	17	17	17	17	17	17	17	17	17	22	25
5	22	22	22	22	22	22	22	22	22	22	22	25	4
22	5	5	4	25	25	25	25	25	25	25	25	4	21
4	4	4	25	4	4	4	4	4	4	4	4	18	
25	25	25	(5)	21	(21)	21	21	21	21	21	21	21	
21	21	21	21										

STARTAUFSTELLUNG

7 Alain Prost
1.11,076

1 Nelson Piquet
1.10,869

11 Elio de Angelis
1.11,573

8 Niki Lauda
1.11,344

16 Derek Warwick
1.11,703

6 Keijo Rosberg
1.11,603

12 Nigel Mansell
1.12,435

19 Ayrton Senna
1.11,890

15 Patrick Tambay
1.13,138

27 Michele Alboreto
1.13.122

18 Thierry Boutsen
1.13,528

14 Manfred Winkelhock
1.13,374

2 Teo Fabi
1.14,040

28 Rene Arnoux
1.13,934

5 Jacques Laffite
1.14,568

17 Marc Surer
1.14,336

23 Eddie Cheever
1.14,609

22 Riccardo Patrese
1.14,568

25 Francois Hesnault
1.15,837

26 Andrea de Cesaris
1.15,112

21 Huub Rothengatter
1.16,759

24 Piercarlo Ghinzani
1.16,466

9 Philippe Alliot
1.17,517

10 Dr. Jonathan Palmer
1.17,265

4 Stefan Bellof
1.17,893

3 Stefan Johansson
1.17,777

30 Jo Gartner
1.18,121

ERGEBNISSE UND AUSFÄLLE

1. Niki Lauda	McLaren MP4/2	1:29.28,532 = 200,212 km/h
2. Derek Warwick	Renault RE 50	1:30.10,655
3. Ayrton Senna	Toleman TG 184	1:30.31,860
4. Elio de Angelis	Lotus 95 T	70 Runden
5. Michele Alboreto	Ferrari 126 C4	70 Runden
6. Rene Arnoux	Ferrari 126 C4	70 Runden
7. Nelson Piquet	Brabham BT 53	70 Runden
8. Patrick Tambay	Renault RE 50	69 Runden, Kraftstoffmangel
9. Piercarlo Ghinzani	Osella FA 1 F	68 Runden
10. Andrea de Cesaris	Ligier JS 23	68 Runden
11. Stefan Bellof*	Tyrrell 012	68 Runden
12. Marc Surer	Arrows A 7	67 Runden
13. Riccardo Patrese	Alfa Romeo 184 T	66 Runden, Kraftstoffmangel
14. Huub Rothengatter	Spirit 101 B	62 Runden
15. Francois Hesnault	Ligier JS 23	43 Runden, Motor
16. Alain Prost	McLaren MP4/2	38 Runden, Getriebe
17. Nigel Mansell	Lotus 95 T	24 Runden, Getriebe
18. Thierry Boutsen	Arrows A 7	24 Runden, Turbolader
19. Jacques Laffite	Williams FW 09 B	15 Runden, Motor
20. Teo Fabi	Brabham BT 53	10 Runden, Zündung
21. Dr. Jonathan Palmer	RAM 02	10 Runden, Unfall
22. Manfred Winkelhock	ATS D 7	8 Runden, Dreher
23. Keijo Rosberg	Williams FW 09 B	5 Runden, Motor
24. Eddie Cheever	Alfa Romeo 184 T	Startrunde, Unfall
25. Stefan Johannson*	Tyrrell 012	Startrunde, Unfall
26. Philippe Alliot	RAM 02	Startrunde, Unfall
27. Jo Gartner	Osella FA 1 F	Startrunde, Unfall

* außer Wertung

SCHNELLSTE RUNDE (57. Runde)

Niki Lauda McLaren MP4/2 1.13,181 = 206,837 km/h

7	28	29	30	31	32	33	34	35	36	37	38	39	40	41	42	43	44	45	46	47	48	49	50	51	52	53	54	55	56	57	58	59	60	61	62	63	64	65	66	67	68	69	70	71
7	7	7	7	7	7	7	7	7	7	7	8	8	8	8	8	8	8	8	8	8	8	8	8	8	8	8	8	8	8	8	8	8	8	8	8	8	8	8	8	8	8	8	8	8
1	1	8	8	8	8	8	8	8	8	8	1	1	1	1	1	1	1	1	1	1	1	1	1	1	1	1	1	1	1	1	1	1	1	1	1	1	1	1	1	16	16	16	16	16
8	8	1	1	1	1	1	1	1	1	1	7	16	16	16	16	16	16	16	16	16	16	16	16	16	16	16	16	16	16	16	16	16	16	16	16	16	16	16	16	19	19	19	19	19
6	16	16	16	16	16	16	16	16	16	16	16	11	11	11	11	11	11	11	11	11	11	11	11	11	11	11	11	11	11	11	11	11	11	11	11	11	11	11	19	11	11	11	11	
5	15	15	15	15	15	15	11	11	11	11	11	19	19	19	19	19	19	19	19	19	19	19	19	19	19	19	19	19	19	19	19	19	19	19	19	19	19	19	11	1	15	27	27	
1	11	11	11	11	11	11	19	19	19	19	19	15	15	15	15	15	15	15	15	15	15	15	15	15	15	15	15	15	15	15	15	15	15	15	15	15	15	15	15	15	27	15	28	
9	19	19	19	19	19	19	15	15	15	15	15	26	26	26	26	26	26	26	27	27	27	27	27	27	27	27	27	27	27	27	27	27	27	27	27	27	27	27	27	27	1	28	1	
6	26	26	26	26	26	26	26	26	26	26	26	27	27	27	27	27	27	27	26	26	26	26	26	26	26	26	26	26	26	26	26	26	26	26	26	28	28	28	28	28	28	1		
8	28	28	28	28	28	28	28	28	28	28	27	28	28	28	28	28	28	28	28	28	28	28	28	28	28	28	28	28	28	28	28	28	28	28	28	26	26	26	22	24	24			
7	27	27	27	27	27	27	27	27	27	27	28	24	24	24	24	22	22	22	22	22	22	22	22	22	22	22	22	22	22	22	22	22	22	22	22	22	22	22	26	26	26			
4	24	24	24	24	24	24	24	24	24	24	24	22	22	22	22	24	24	24	24	24	24	24	24	24	24	24	24	24	24	24	24	24	24	24	24	24	24	24	24	4	4			
2	22	22	22	22	22	22	22	22	22	22	22	25	25	25	25	25	4	4	4	4	4	4	4	4	4	4	4	4	4	4	4	4	4	4	4	4	4	4	4	17				
5	25	25	25	25	25	25	25	25	25	25	25	4	4	4	4	4	17	17	17	17	17	17	17	17	17	17	17	17	17	17	17	17	17	17	17	17	17	17	17					
7	17	17	17	4	4	4	4	4	4	4	4	17	17	17	17	17	21	21	21	21	21	21	21	21	21	21	21	21	21	21	21	21	21	21	21									
4	4	4	4	17	17	17	17	17	17	17	17	21	21	21	21	21																												
1	21	21	21	21	21	21	21	21	21	21	21																																	

WERTUNGSPUNKTE

Fahrer: Prost 35,5, Lauda 33, de Angelis 29, Arnoux 24, Rosberg 20,5, Warwick 19, Piquet 18, Alboreto 11,5, Senna 9, Tambay 8, Mansell 6, Laffite 5, T. Fabi 4, Cheever 3, Patrese 3, de Cesaris 3, Boutsen 3, Ghinzani 2

Konstrukteure: McLaren 68,5, Ferrari 35,5, Lotus 35, Renault 27, Williams 25,5, Brabham 22, Toleman 9, Alfa Romeo 6, Ligier 3, Arrows 3, Osella 2

Großer Preis von Deutschland

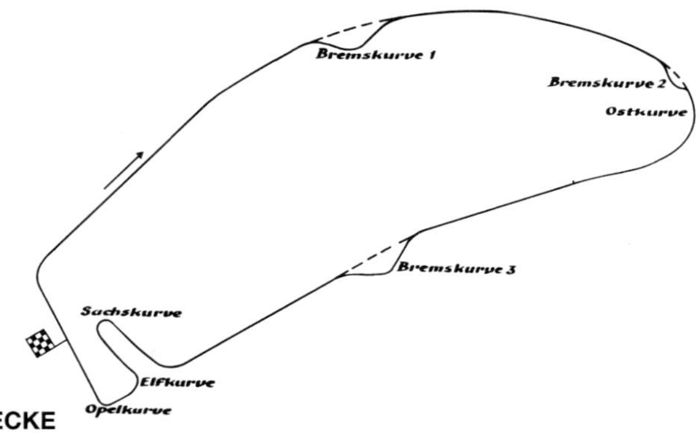

STRECKE

Ort und Datum	**Hockenheim, 5. August**
Wetter	**trocken, warm**
Streckenlänge	**6,797 km**
Runden	**44**
Renndistanz	**299,068 km**
Bestehender Rundenrekord	**1.53,938 = 214,758 km/h Rene Arnoux, Ferrari 126 C3 GP 1983**
GP-Sieger 1983	**Rene Arnoux, Ferrari 126 C3 1:27.10,319 = 210,524 km/h**

TRAININGSZEITEN

			3. August	4. August
1	Nelson Piquet	Brabham BT 53	1.48,698	1.48,584
2	Teo Fabi	Brabham BT 53	1.51,693	1.49,302
3	Stefan Johansson	Tyrrell 012	2.00,268	1.59,461
5	Jacques Laffite	Williams FW 09 B	1.51,428	1.50,511
6	Keijo Rosberg	Williams FW 09 B	2.12,229	1.52,003
7	Alain Prost	McLaren MP4/2	1.49,439	1.47,012
8	Niki Lauda	McLaren MP4/2	1.48,912	1.49,004
9	Philippe Alliot	RAM 02	1.55,505	1.55,795
10	Dr. Jonathan Palmer	RAM 02	1.56,797	–
11	Elio de Angelis	Lotus 95 T	1.48,033	1.47,065
12	Nigel Mansell	Lotus 95 T	1.52,958	1.51,715
14	Manfred Winkelhock	ATS D 7	1.51,697	1.50,686
15	Patrick Tambay	Renault RE 50	1.51,414	1.48,425
16	Derek Warwick	Renault RE 50	1.48,576	1.48,382
17	Marc Surer	Arrows A 7	1.56,450	1.51,475
18	Thierry Boutsen	Arrows A 7	1.52,144	1.51,551
19	Ayrton Senna	Toleman TG 184	1.49,395	1.49,831
21	Huub Rothengatter	Spirit 101 B	1.56,112	2.00,118
22	Riccardo Patrese	Alfa Romeo 184 T	1.52,769	1.54,665
23	Eddie Cheever	Alfa Romeo 184 T	1.54,802	1.51,950
24	Piercarlo Ghinzani	Osella FA 1 F	1.59,505	1.54,546
25	Francois Hesnault	Ligier JS 23	1.53,985	1.51,872
26	Andrea de Cesaris	Ligier JS 23	1.50,338	1.50,117
27	Michele Alboreto	Ferrari 126 C4	1.49,782	1.48,847
28	Rene Arnoux	Ferrari 126 C4	1.50,830	1.49,857
30	Jo Gartner	Osella FA 1 F	1.58,457	1.55,594
Nicht qualifiziert:				
4	Mike Thackwell	Tyrrell 012	2.01,320	1.59,516

Training

Elio de Angelis, Tabellendritter, zur Zeit einer der Zuverlässigsten und zweifellos der beste Renault-Pilot, auch wenn sich sein Renault in einem Lotus versteckte, hatte am zweiten Trainingstag ein frohes Erwachen. Es regnete in Strömen, und das konnte bedeuten, daß die Pole-Jäger vom Dienst bereits geschlagen waren. Eine halbe Sekunde stellte unter diesen Umständen selbst für Piquet, Lauda und Prost eine unüberwindliche Barriere dar.
Beinahe – und sehr zum Leidwesen der Hausherren BMW und Porsche, die dem eigenen Publikum natürlich mehr bieten wollten – hätte de Angelis die Poleposition auch gehalten. Trotz einer vorübergehenden Wetterbesserung ließ die Piste bis weit ins Abschlußtraining hinein keine schnelleren Runden zu, und als sie schließlich ganz abtrocknete, gelang dem sofort einsatzbereiten Lotus-Fahrer sogar eine Steigerung. Buchstäblich in letzter Minute aber vertrieb Prost den angriffslustigen Italiener mit dem bemerkenswerten »Schnitt« von 228,658 Kilometern pro Stunde doch noch vom besten Startplatz.
Dank eines interessanten Nebeneffekts der Tyrrell-Affäre brauchte sich außer den ungewerteten Tyrrell-Fahrern kein anderer für einen der 26 »offiziellen« Startplätze zu qualifizieren. Wären Stefan Johansson und Bellof-Ersatz Mike Thackwell – der Gießener startete an diesem Wochenende wieder für Porsche bei einem Lauf zur Markenweltmeisterschaft – noch an ihren Vordermännern vorbeigekommen, hätte die FISA alle 27 Trainingsteilnehmer zum Rennen zugelassen.

Rennen

Der 46. Große Preis von Deutschland war für die 80000 Zuschauer eine Zumutung. In endlosen 44 Runden erlebten sie nicht viel mehr als die ebenso tapfere wie kurze Führung von de Angelis, die neuerliche Demontage des bei ihnen besonders beliebten Weltmeisters, den nie gefährdeten McLaren-Doppelsieg und die kaum noch verwunderlichen Totalausfälle von Alfa Romeo, Arrows, Brabham, Osella, RAM und Williams. Außerdem langweilten sie die immer größeren Abstände zwischen den immer selteneren Einzelfahrern.

Elio de Angelis verdankte die Führung ganz offensichtlich der falschen Seitenwahl des Trainingsschnellsten. Da sie beide – er im regulären Einsatzwagen und Prost wegen eines erst beim Anwärmen entdeckten Kraftstoffpumpendefekts mit dem Reservewagen – ungefähr gleich gut starteten und auch gleich schnell in die Gänge kamen, führte ihn der kleinere Radius in der ersten Kurve automatisch nach vorn. Hinter de Angelis und Prost schwenkten Warwick, Piquet, Tambay, Alboreto, Senna und Lauda auf die Ideallinie ein.

In den sieben Runden, die der voll aufgedrehte Renault-Turbo im Lotus des Spitzenreiters durchhielt, ging Piquet an Warwick, Lauda an Alboreto und Tambay sowie der übers Gras gestartete Rosberg an Mansell, Laffite, Cheever, Winkelhock, de Cesaris, Arnoux, Alboreto, Tambay und Fabi vorbei. Der Fliegende Finne überraschte die Konkurrenz bereits im Warm-up, als er im Renntrimm beinahe so schnell wie Tambay, Senna und Lauda mit fast leeren Tanks fuhr und damit vor allem den deutschen, italienischen, französischen und britischen Motorenbauern zu denken gab – nichts fürchteten die europäischen Techniker mehr als einen plötzlichen Honda-Durchbruch mit den aus der Zweiradbranche nur zu bekannten möglichen Folgen. Doch kurz nachdem de Angelis zum erstenmal in dieser Saison mit wehender Rauchfahne ausgeschieden war, stoppten Zündaussetzer bei Rosberg und ein Kolbenbruch bei Laffite auch den japanischen Vormarsch.

Nach dem doppelten Führungswechsel, den de Angelis kampflos und sein Verfolger durch eine Unachtsamkeit beim Anbremsen der zweiten Schikane hinnehmen mußten, zog sich das Feld schnell auseinander. Der clevere Piquet setzte sich leicht von Prost ab, Lauda überholte Warwick, um weiter Anschluß nach vorn zu suchen, Fabi, Tambay und Arnoux zirkulierten bereits im Alleingang, Cheever schlug sich abwechselnd mit de Cesaris und Hesnault herum, Alboreto laborierte mit der Zündung und Senna stand bei der ersten Schikane, wo er mit gelöster Motorverkleidung und gebrochener Heckschwinge in die Leitplanken gesegelt war.

Alain Prost »verlor« den Start durch falsche Seitenwahl

Lange genoß Piquet die Ruhe vor dem Sturm allerdings nicht. Sobald Prost die Nähe seines Stallgefährten und eigentlichen Gegners spürte, geriet der Weltmeister unter Druck und kam nicht mehr dagegen an. Zwischen der 17. und 21. Runde büßte er seine viereinhalb Sekunden Vorsprung ein, in der 22. verlor er die Führung und in der 24. drehte er resigniert zu den Boxen ab. Noch während seine Crew auf ein mißverständliches Handzeichen hin die Räder wechselte, schnallte er sich los, entstieg dem Cockpit und biß den Getriebemann eher kameradschaftlich denn verärgert in die Nase – schließlich konnte der Mechaniker nichts dafür, daß auch Brabham noch 800 PS durch einen Schaltkasten aus der 500 PS-Ära jagte. Ungefähr zur gleichen Zeit verlor das Feld acht weitere Fahrer.
Für die letzte Etappe hatte Prost seine Absicht bereits kundgetan. Weder Lauda, der im Rahmen seiner technischen Möglichkeiten sicherlich sein Bestes gab, noch der unfreiwillige Wechsel auf den zwar erstklassig vorbereiteten, nichtsdestoweniger zweitklassigen Reservewagen hinderten ihn daran, das Rennen mit unverändertem Abstand und neuem Rundenrekord zu Ende zu fahren. Niki Lauda schenkte McLaren den zweiten Doppelsieg der Saison und opferte selbst drei Punkte.

STARTAUFSTELLUNG

7 Alain Prost
1.47,012

16 Derek Warwick
1.48,382

1 Nelson Piquet
1.48,584

8 Niki Lauda
1.48,912

19 Ayrton Senna
1.49,395

26 Andrea de Cesaris
1.50,117

14 Manfred Winkelhock
1.50,686

18 Thierry Boutsen
1.51,551

25 Francois Hesnault
1.51,872

6 Keijo Rosberg
1.52,003

24 Piercarlo Ghinzani
1.54,546

30 Jo Gartner
1.55,594

10 Dr. Jonathan Palmer
1.56,797

11 Elio de Angelis
1.47,065

15 Patrick Tambay
1.48,425

27 Michele Alboreto
1.48,847

2 Teo Fabi
1.49,302

28 Rene Arnoux
1.49,857

5 Jacques Laffite
1.50,511

17 Marc Surer
1.51,475

12 Nigel Mansell
1.51,715

23 Eddie Cheever
1.51,950

22 Riccardo Patrese
1.52,769

9 Philippe Alliot
1.55,505

21 Huub Rothengatter
1.56,112

3 Stefan Johansson
1.59,461

RUNDENTABELLE

7	Alain Prost	McLaren MP4/2
11	Elio de Angelis	Lotus 95 T
16	Derek Warwick	Renault RE 50
15	Patrick Tambay	Renault RE 50
1	Nelson Piquet	Brabham BT 53
27	Michele Alboreto	Ferrari 126 C4
8	Niki Lauda	McLaren MP4/2
2	Teo Fabi	Brabham BT 53
19	Ayrton Senna	Toleman TG 184
28	Rene Arnoux	Ferrari 126 C4
26	Andrea de Cesaris	Ligier JS 23
5	Jacques Laffite	Williams FW 09 B
14	M. Winkelhock	ATS D 7
17	Marc Surer	Arrows A 7
18	Thierry Boutsen	Arrows A 7
12	Nigel Mansell	Lotus 95 T
25	Francois Hesnault	Ligier JS 23
23	Eddie Cheever	Alfa Romeo 184 T
6	Keijo Rosberg	Williams FW 09 B
22	Riccardo Patrese	Alfa Romeo 184 T
24	Piercarlo Ghinzani	Osella FA 1 F
9	Philippe Alliot	RAM 02
30	Jo Gartner	Osella FA 1 F
21	Huub Rothengatter	Spirit 101 B
10	Dr. J. Palmer	RAM 02
3	Stefan Johansson	Tyrrell 012

1	2	3	4	5	6	7	8	9	10	11	12	13	14	15	16	17	18	19	20	21	22	23	24	25	26	27	28	29	3
11	11	11	11	11	11	11	1	1	1	1	1	1	1	1	1	1	1	1	1	1	7	7	7	7	7	7	7	7	
7	7	7	7	7	7	7	7	7	7	7	7	7	7	7	7	7	7	7	7	7	8	8	8	8	8	8	8	8	
1	1	1	1	1	1	1	16	8	8	8	8	8	8	8	8	8	8	8	8	8	1	16	16	16	16	16	16	16	1
16	16	16	16	16	16	16	8	6	6	16	16	16	16	16	16	16	16	16	16	16	16	2	2	2	2	2	15	15	1
15	19	19	19	8	8	8	6	16	16	2	2	2	2	2	2	2	2	2	2	2	2	15	15	15	15	15	12	12	1
19	15	15	8	2	2	6	2	2	2	15	15	15	15	15	15	15	15	15	15	15	15	12	12	12	12	12	(2)	28	2
27	8	8	2	6	6	2	15	15	15	28	28	28	28	28	28	28	12	12	12	12	12	28	28	28	28	(28)	28	26	2
8	27	2	15	15	15	15	5	5	28	12	12	12	12	12	12	12	28	28	28	28	28	(1)	23	23	23	23	23	25	2
2	2	27	27	27	27	28	28	28	12	23	23	23	23	23	23	23	23	23	23	23	23	23	26	26	26	26	26	23	
26	26	28	6	28	28	5	12	12	23	25	25	26	26	26	26	26	26	26	25	26	26	26	25	25	25	25	25	3	2
28	28	6	28	5	5	27	18	23	25	26	26	25	25	25	25	25	25	25	26	25	25	25	14	14	14	14	3	(14)	1
14	6	26	5	26	12	12	26	26	26	14	14	14	14	14	14	14	14	14	14	14	14	14	3	3	3	3	14	21	
23	14	14	26	12	26	26	23	14	14	24	24	24	24	22	(22)	3	3	3	3	3	3	3	21	21	21	21	21		
5	23	5	12	14	14	18	14	25	24	22	22	22	22	3	3	21	21	21	21	21	21	21							
12	5	23	14	23	18	23	25	24	22	30	30	(30)	3	21	21														
6	12	12	23	18	23	14	(27)	22	(5)	3	3	3	21																
25	25	25	18	25	25	25	24	30	30	21	21	21																	
22	22	18	25	22	22	22	22	10	10	(10)	27	(27)																	
24	24	22	22	24	24	24	30	3	3	27																			
30	18	24	24	30	30	30	10	21	21																				
18	30	30	30	10	10	10	3	27	27																				
9	9	10	10	3	3	3	21																						
3	10	9	3	21	21	21	(11)																						
10	3	3	(9)	9	9	9																							
21	21	21	21																										
(17)																													

ERGEBNISSE UND AUSFÄLLE

1. Alain Prost	McLaren MP4/2	1:24.43,210 = 211,803 km/h
2. Niki Lauda	McLaren MP4/2	1:24.46,359
3. Derek Warwick	Renault RE 50	1:25.19,633
4. Nigel Mansell	Lotus 95 T	1:25.34,873
5. Patrick Tambay	Renault RE 50	1:25.55,159
6. Rene Arnoux	Ferrari 126 C4	43 Runden
7. Andrea de Cesaris	Ligier JS 23	43 Runden
8. Francois Hesnault	Ligier JS 23	43 Runden, Kraftstoffmangel
9. Stefan Johansson*	Tyrrell 012	42 Runden
10. Huub Rothengatter	Spirit 101 B	40 Runden
11. Manfred Winkelhock	ATS D 7	31 Runden, Ladedruck
12. Eddie Cheever	Alfa Romeo 184 T	29 Runden, Turbolader
13. Teo Fabi	Brabham BT 53	28 Runden, Ladedruck
14. Nelson Piquet	Brabham BT 53	23 Runden, Getriebe
15. Riccardo Patrese	Alfa Romeo 184 T	16 Runden, Getriebe
16. Piercarlo Ghinzani	Osella FA 1 F	14 Runden, Zündung
17. Jo Gartner	Osella FA 1 F	13 Runden, Turbolader
18. Michele Alboreto	Ferrari 126 C4	13 Runden, Zündung
19. Dr. Jonathan Palmer	RAM 02	11 Runden, Turbolader
20. Keijo Rosberg	Williams FW 09 B	10 Runden, Zündung
21. Jacques Laffite	Williams FW 09 B	10 Runden, Motor
22. Thierry Boutsen	Arrows A 7	8 Runden, Motor
23. Elio de Angelis	Lotus 95 T	8 Runden, Motor
24. Philippe Alliot	RAM 02	7 Runden, Motor
25. Ayrton Senna	Toleman TG 184	4 Runden, Unfall
26. Marc Surer	Arrows A 7	1 Runde, Kraftstoffzufuhr

* außer Wertung

SCHNELLSTE RUNDE (31. Runde)

Alain Prost	McLaren MP4/2	1.53,538 = 215,515 km/h

1	32	33	34	35	36	37	38	39	40	41	42	43	44
7	7	7	7	7	7	7	7	7	7	7	7	7	7
8	8	8	8	8	8	8	8	8	8	8	8	8	8
6	16	16	16	16	16	16	16	16	16	16	16	16	16
5	15	15	12	12	12	12	12	12	12	12	12	12	12
2	12	12	15	15	15	15	15	15	15	15	15	15	15
8	28	28	28	28	28	28	28	28	28	28	28	28	
6	26	26	25	25	26	25	25	25	26	26	26	26	
5	25	25	26	26	25	26	26	26	25	25	25	25	
3	3	3	3	3	3	3	3	3	3	3	3		
1	21	21	21	21	21	21	21	21	21				
4													

Ohne Computer geht nichts. Oben der Monitor mit den laufenden Trainingszeiten (Lauda, Motorenkonstrukteur Mezger und der Team-Zeitnehmer), unten die genaue Kraftstoffanzeige

WERTUNGSPUNKTE

Fahrer: Prost 44,5, Lauda 39, de Angelis 29, Arnoux 25, Warwick 23, Rosberg 20,5, Piquet 18, Alboreto 11,5, Tambay 10, Mansell 9, Senna 9, Laffite 5, T. Fabi 4, Cheever 3, Patrese 3, de Cesaris 3, Boutsen 3, Ghinzani 2

Konstrukteure: McLaren 83,5, Lotus 38, Ferrari 36,5, Renault 33, Williams 25,5, Brabham 22, Toleman 9, Alfa Romeo 6, Ligier 3, Arrows 3, Osella 2

Großer Preis von Österreich

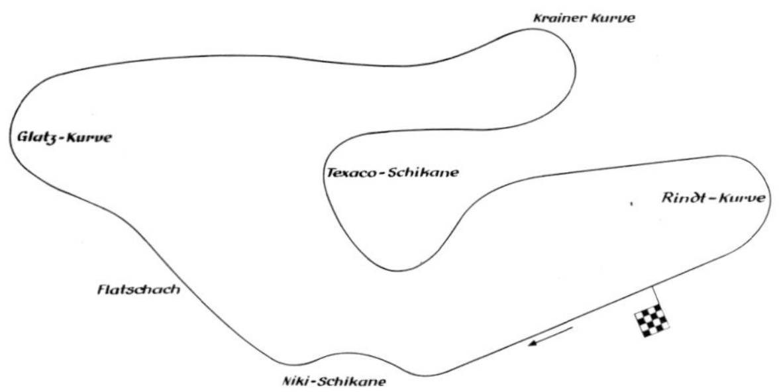

STRECKE

Ort und Datum	**Zeltweg, 19. August**
Wetter	**trocken, warm**
Streckenlänge	**5,942 km**
Runden	**51**
Renndistanz	**303,042 km**
Bestehender Rundenrekord	**1.32,53 = 231,197 km/h Rene Arnoux, Renault RE 25 GP 1980**
GP-Sieger 1983	**Alain Prost, Renault RE 40 1:24.32,745 = 223,494 km/h**

TRAININGSZEITEN

			17. August	18. August
1	Nelson Piquet	Brabham BT 53	1.26,928	1.26,173
2	Teo Fabi	Brabham BT 53	1.29,893	1.27,201
5	Jacques Laffite	Williams FW 09 B	1.29,228	1.31,498
6	Keijo Rosberg	Williams FW 09 B	1.28,760	1.29,012
7	Alain Prost	McLaren MP4/2	1.26,203	1.27,098
8	Niki Lauda	McLaren MP4/2	1.26,715	1.27,312
9	Philippe Alliot	RAM 02	1.34,495	1.44,304
10	Dr. Jonathan Palmer	RAM 02	1.34,622	1.34,128
11	Elio de Angelis	Lotus 95 T	1.27,531	1.26,318
12	Nigel Mansell	Lotus 95 T	1.28,430	1.27,558
14	Manfred Winkelhock	ATS D 7	1.33,276	1.30,853
15	Patrick Tambay	Renault RE 50	1.27,748	1.26,748
16	Derek Warwick	Renault RE 50	1.27,928	1.27,123
17	Marc Surer	Arrows A 7	1.31,701	1.31,655
18	Thierry Boutsen	Arrows A 7	1.31,255	1.31,189
19	Ayrton Senna	Toleman TG 184	1.29,463	1.29,200
21	Huub Rothengatter	Spirit 101 B	–	1.35,605
22	Riccardo Patrese	Alfa Romeo 184 T	1.30,966	1.30,736
23	Eddie Cheever	Alfa Romeo 184 T	1.31,250	1.31,045
24	Piercarlo Ghinzani	Osella FA 1 F	1.33,172	–
25	Francois Hesnault	Ligier JS 23	1.32,582	1.32,270
26	Andrea de Cesaris	Ligier JS 23	1.36,771	1.31,588
27	Michele Alboreto	Ferrari 126 C4	1.29,694	1.30,000
28	Rene Arnoux	Ferrari 126 C4	1.31,003	1.31,313
30	Jo Gartner	Osella FA 1 F	1.35,212	1.33,019
31	Gerhard Berger	ATS D 7	1.31,904	–
Nicht qualifiziert:				
3	Stefan Johansson	Tyrrell 012	1.37,292	1.36,282
4	Stefan Bellof	Tyrrell 012	1.37,535	1.37,893

Training

In Zeltweg zeigte die Formel 1 wieder ihr anderes Gesicht. Drei Tage lang genossen bis zu 90000 Österreicher, Italiener und Deutsche ein Höchstmaß an Spannung, woran drei Einheimische nicht wenig Anteil hatten. Für Niki Lauda galt es, zur Wahrung seiner Titelchancen endlich den ersten Heimsieg zu landen. Jo Gartner kämpfte weiter unverdrossen um gute Plätze und Grand Prix-Neuling Gerhard Berger machte als zahlender Gast bei ATS dem glücklosen Winkelhock das Leben schwer.

Neben der Auseinandersetzung Mann gegen Mann beeindruckte aber auch der Kampf gegen die Uhr. Stieg ein Jahr nach dem Verbot der wing cars die Pole-Zeit, die einer Durchschnittsgeschwindigkeit von 244,158 Kilometern pro Stunde entsprach, noch von 1.27,612 auf 1.29,871, so verbesserte Nelson Piquet seinen alten und als Trainingszeit nicht offiziell anerkannten Rekord auf 1.26,173 und hätte damit 248,235 Kilometer in der Stunde zurückgelegt. Ohne die besonderen aerodynamischen Tricks sagte dies einiges über den gewaltigen Leistungssprung der Motoren aus – eine Kraft, die zum erstenmal auch den letzten und stärksten Vertreter der über Jahrzehnte erfolgreichen Saugertechnik zur Strecke brachte. Auf dem schnellen Ö-Ring reichte die Leistung des weiterentwickelten Weltmeistermotors von 1982 nicht mehr zur Qualifikation.

Rennen

Alain Prost kam aus dem Teufelskreis nicht heraus. In Hockenheim zwang ihn ein Kraftstoffpumpenschaden, in letzter Minute das Auto zu wechseln, und nach dem Warm-up in Zeltweg benötigte er einen Tauschmotor. Das vorgesehene Renntriebwerk, das ihm von der Kraftentfaltung her besonders gut gefiel, entwickelte zu hohe Temperaturen.

Dennoch ließ der kleine Franzose sich auch diesmal nicht entmutigen. Zweimal gewann er den Start, der wiederholt werden mußte, weil de Angelis seinen Motor abgewürgt und Derek Ongaro die schon grüne Ampel wieder auf Gelb geschaltet hatte. In der ersten Startrunde führte er, bis er auf rote Flaggen stieß. Nach dem zweiten Start fädelte er sich unmittelbar hinter Piquet in die frühere Hella-Licht- und jetzige »Niki«-Schikane ein, und von diesem Augenblick an saß er seinem alten Gegner unnachgiebig im Genick. Rad an Rad jagten die beiden vor Tambay, Warwick, de Angelis, Lauda, Senna, Mansell, Rosberg, Alboreto, Arnoux, Patrese, Cheever und Laffite über den schnellsten Grand Prix-Kurs der Welt.

Während Piquet und Prost mit ihren überlegenen BMW- und TAG/Porsche-Motoren zunächst nur die verhältnismäßig kleine deutsche Kolonie begeisterten, verfolgten die dichtgedrängten Österreicher und die kaum dünner gesäten Italiener eher skeptisch und zum Teil schon schwer enttäuscht die Bemühungen ihrer Idole. Niki Lauda klebte acht lange Runden an de Angelis, Warwick und Tambay, Jo Gartner und Gerhard Berger steckten tief im Mittelfeld und Michele Alboreto und Rene Arnoux fuhren da, wo eigentlich kein Ferrari fahren durfte. Selbst Ayrton Senna da Silva, der international Sympathien genoß, rief nur mäßiges Interesse hervor.

Die Stimmung änderte sich jedoch schlagartig, als Lauda in der neunten Runde endlich den zu weich bereiften Tambay überholte und mit Blasen an beiden Hinterrädern zu den Boxen schickte. Bei zehn Sekunden Rückstand und mit TAG/Porsche-Power im Rükken war die Lage zwar ernst, aber nicht hoffnungslos, und der Österreicher begann sie unter heftiger Anteilnahme der Galerie auch sofort zu bessern. Runde für Runde und durch den zähen Widerstand von Piquet begünstigt, schob er sich näher an die Spitzenreiter heran und lag nach der 20. nur noch drei Sekunden hinter den beiden. In der 23. drehte er die schnellste des Rennens, ohne Arnoux' alten Rekord zu brechen, in der 27. fand er Anschluß und in der 29. ging er an Prost vorbei – sein Vordermann auf Piste und Tabelle war in der Jochen Rindt-Kurve auf einer Ölspur in die Leitplanken gerutscht. Sie stammte von de Angelis, der seinen öltriefenden und feuerspeienden Lotus gegen alle Vernunft von der inneren Schikane aus an die Boxen bringen wollte. Beinahe wäre auch Piquet ein Opfer dieser Rücksichtslosigkeit geworden.

Heimsieg: Niki Lauda gewann zum erstenmal den Großen Preis von Österreich

Für den Anführer machte der Verfolgerwechsel keinen großen Unterschied. So hart wie Prost ihn vom Start weg bedrängte, preßte ihn auch Lauda, und als das Rennen sich seinem Ende näherte, kamen noch die besonders schwierige Überrundung von Fabi und der fortgeschrittene Reifenverschleiß hinzu. Der Brasilianer fuhr den weicheren Gummi und bezahlte nun für seine hohe Anfangsgeschwindigkeit.

Die Reifenwahl spielte aber nicht nur bei diesem Zweikampf zu dritt eine wichtige Rolle. Viele hatten sich bei bedecktem Himmel für weiche Mischungen oder Kombinationen wie Michelin 05 (weich) auf der rechten und 10 (mittel) auf der höherbelasteten linken Spur entschieden und konnten nach dem frühen Durchbruch der Sonne ihr Tempo nicht halten. Schon in der achten Runde scheiterte Senna an de Angelis, der wie Lauda weniger hoch gepokert hatte, in der zehnten legten Tambay und Rosberg die ersten Reifenwechsel ein und zur gleichen Zeit rissen Laufflächenablösungen den schwer gehandicapten Arnoux aus einem erbitterten Gefecht zwischen den Ferrari-Fahrern und ihren feindlichen Alfa Romeo-Brüdern. In der 17. Runde korrigierte Warwick seinen Fehler, um sich bis zum Ausfall durch

Motorschaden noch mit Cheever, Fabi und Patrese zu messen, in der 27. fuhr Arnoux an die Boxen und in der 36. war auch Senna mit seinen Pneus und dem Motor am Ende.

Die Entscheidung fiel, beschleunigt durch Piquets Versuch, den da noch viertplazierten Alboreto möglichst schnell zu überrunden, im 40. Umlauf in Nikis eigener Schikane. Der Italiener wehrte den Angriff ab, der Brasilianer stellte sich quer und der Österreicher ging innen vorbei. Danach steckte Piquet zurück und Lauda gewann trotz des »verlorenen« vierten Gangs unter dem unbeschreiblichen Jubel seiner so oft enttäuschten Landsleute tatsächlich seinen ersten österreichischen Grand Prix. In der Weltmeisterschaft führte er nun mit dreieinhalb Punkten vor Prost.

Als Lauda für einen Moment einmal in seinem maroden Getriebe vergeblich nach Gängen suchte, gelang es dem schlecht gestarteten und erstaunlich weit vorgedrungenen Fabi, sich völlig undramatisch wieder zu »entrunden«. Den erhofften Punktgewinn bescherte ihm jedoch nicht der spätere Sieger, sondern der arme Tambay, der sein bisher bestes Rennen noch in der 43. Runde mit Maschinenschaden beenden mußte. Dagegen brachte Neuling Berger den mindestens genauso anfälligen ATS wirklich ins Ziel.

STARTAUFSTELLUNG

1 Nelson Piquet 1.26,173	7 Alain Prost 1.26,203
11 Elio de Angelis 1.26,318	8 Niki Lauda 1.26,715
15 Patrick Tambay 1.26,748	16 Derek Warwick 1.27,123
2 Teo Fabi 1.27,201	12 Nigel Mansell 1.27,558
6 Keijo Rosberg 1.28,760	19 Ayrton Senna 1.29,200
5 Jacques Laffite 1.29,228	27 Michele Alboreto 1.29,694
22 Riccardo Patrese 1.30,763	14 Manfred Winkelhock* 1.30,853
28 Rene Arnoux 1.31,003	23 Eddie Cheever 1.31,045
18 Thierry Boutsen 1.31,189	26 Andrea de Cesaris 1.31,588
17 Marc Surer 1.31,655	31 Gerhard Berger 1.31,904
25 Francois Hesnault 1.32,270	30 Jo Gartner 1.33,019
24 Piercarlo Ghinzani 1.33,172	10 Dr. Jonathan Palmer 1.34,128
9 Philippe Alliot 1.34,495	21 Huub Rothengatter 1.35,605

* nicht gestartet

RUNDENTABELLE

1 Nelson Piquet	Brabham BT 53
7 Alain Prost	McLaren MP4/2
11 Elio de Angelis	Lotus 95 T
8 Niki Lauda	McLaren MP4/2
15 Patrick Tambay	Renault RE 50
16 Derek Warwick	Renault RE 50
2 Teo Fabi	Brabham BT 53
12 Nigel Mansell	Lotus 95 T
6 Keijo Rosberg	Williams FW 09 B
19 Ayrton Senna	Toleman TG 184
5 Jacques Laffite	Williams FW 09 B
27 Michele Alboreto	Ferrari 126 C4
22 Riccardo Patrese	Alfa Romeo 184 T
28 Rene Arnoux	Ferrari 126 C4
23 Eddie Cheever	Alfa Romeo 184 T
18 Thierry Boutsen	Arrows A 7
26 Andrea de Cesaris	Ligier JS 23
17 Marc Surer	Arrows A 7
31 Gerhard Berger	ATS D 7
25 Francois Hesnault	Ligier JS 23
30 Jo Gartner	Osella FA 1 F
24 Piercarlo Ghinzani	Osella FA 1 F
10 Dr. J. Palmer	RAM 02
9 Philippe Alliot	RAM 02
21 Huub Rothengatter	Spirit 101 B

1	2	3	4	5	6	7	8	9	10	11	12	13	14	15	16	17	18	19	20	21	22	23	24	25	26	27	28	29	30
1	1	1	1	1	1	1	1	1	1	1	1	1	1	1	1	1	1	1	1	1	1	1	1	1	1	1	1	1	1
7	7	7	7	7	7	7	7	7	7	7	7	7	7	7	7	7	7	7	7	7	7	7	7	7	7	7	7	8	8
15	15	15	15	15	15	15	15	8	8	8	8	8	8	8	8	8	8	8	8	8	8	8	8	8	8	8	8	19	19
16	16	8	8	8	8	8	8	15	11	11	11	11	11	11	11	11	11	11	11	11	11	11	11	11	11	11	19	15	15
11	8	16	16	16	16	16	16	11	15	16	16	16	16	16	19	19	19	19	19	19	19	19	19	19	19	19	11	12	12
8	11	11	11	19	19	19	11	16	16	19	19	19	19	19	12	12	12	12	12	12	12	12	12	12	12	12	15	27	27
19	19	19	19	11	11	11	19	19	19	12	12	12	12	12	16	15	15	15	15	15	15	15	15	15	15	15	12	2	2
12	6	6	6	6	6	6	6	6	12	27	27	27	15	15	15	27	27	27	27	27	27	27	27	27	27	27	27	22	22
6	12	12	12	12	12	12	12	12	27	5	15	15	27	27	27	23	2	2	2	2	2	2	2	2	2	2	2	18	18
27	27	27	27	27	27	27	27	27	5	15	28	23	23	23	23	16	22	22	22	22	22	22	22	22	22	22	22	17	17
28	28	28	28	28	28	28	5	5	6	28	23	22	22	22	22	2	28	28	28	28	28	18	18	18	18	18	18	28	28
22	22	23	23	23	23	5	28	28	28	23	22	2	2	2	2	22	18	18	18	18	18	28	28	28	28	17	17	25	25
23	23	5	5	5	5	23	23	23	23	22	18	28	28	28	28	28	23	17	17	17	17	17	17	17	17	28	28	31	31
5	5	22	22	22	22	22	22	22	22	18	2	18	18	18	18	18	17	25	25	25	25	25	25	25	25	25	25	9	9
18	18	18	18	18	18	18	18	18	18	2	26	31	31	31	17	17	25	31	31	31	31	31	31	31	31	31	31	10	10
26	26	26	26	26	26	26	26	26	2	26	31	17	17	17	31	31	31	10	10	10	10	9	9	9	9	9	9		
30	30	30	31	31	31	31	2	2	26	31	17	25	25	25	25	25	10	9	9	9	9	10	10	10	10	10	10		
10	10	31	10	10	2	2	31	31	31	17	25	10	10	10	10	10	9	21	21	21	21	21							
31	31	10	30	2	10	25	25	17	17	25	5	26	26	9	9	9	21												
9	24	24	17	25	25	17	17	25	25	10	10	9	9	26	21	21													
24	17	17	25	17	17	10	10	10	10	9	9	6	6	6															
17	25	25	2	30	9	9	9	9	9	6	6	21	21	21															
21	9	2	9	9	30	21	21	21	21	21	21																		
25	21	9	24	21	21																								
2	2	21	21																										

ERGEBNISSE UND AUSFÄLLE

1. Niki Lauda	McLaren MP4/2	1:21.12,851 = 223,883 km/h
2. Nelson Piquet	Brabham BT 53	1:21.36,376
3. Michele Alboreto	Ferrari 126 C4	1:22.01,849
4. Teo Fabi	Brabham BT 53	1:22.09,163
5. Thierry Boutsen	Arrows A 7	50 Runden
6. Marc Surer	Arrows A 7	50 Runden
7. Rene Arnoux	Ferrari 126 C4	50 Runden
8. Francois Hesnault	Ligier JS 23	49 Runden
9. Dr. Jonathan Palmer	RAM 02	49 Runden
10. Riccardo Patrese	Alfa Romeo 184 T	48 Runden
11. Philippe Alliot	RAM 02	48 Runden
12. Gerhard Berger	ATS D 7	48 Runden
13. Patrick Tambay	Renault RE 50	42 Runden, Motor
14. Ayrton Senna	Toleman TG 184	35 Runden, Motor
15. Nigel Mansell	Lotus 95 T	32 Runden, Motor
16. Alain Prost	McLaren MP4/2	28 Runden, Unfall
17. Elio de Angelis	Lotus 95 T	28 Runden, Motor
18. Huub Rothengatter	Spirit 101 B	23 Runden
19. Eddie Cheever	Alfa Romeo 184 T	18 Runden, Motor
20. Derek Warwick	Renault RE 50	17 Runden, Motor
21. Andrea de Cesaris	Ligier JS 23	15 Runden, Motor
22. Keijo Rosberg	Williams FW 09 B	15 Runden, Handling
23. Jacques Laffite	Williams FW 09 B	12 Runden, Motor
24. Jo Gartner	Osella FA 1 F	6 Runden, Motor
25. Piercarlo Ghinzani	Osella FA 1 F	4 Runden, Getriebe

SCHNELLSTE RUNDE (23. Runde)

Niki Lauda	McLaren MP4/2	1.32,882 = 230,305 km/h

1	32	33	34	35	36	37	38	39	40	41	42	43	44	45	46	47	48	49	50	51
1	1	1	1	1	1	1	1	1	8	8	8	8	8	8	8	8	8	8	8	8
8	8	8	8	8	8	8	8	8	1	1	1	1	1	1	1	1	1	1	1	1
9	15	15	15	15	15	15	15	15	15	15	15	27	27	27	27	27	27	27	27	27
5	19	19	19	19	27	27	27	27	27	27	27	2	2	2	2	2	2	2	2	2
2	12	27	27	27	2	2	2	2	2	2	2	22	22	22	22	22	22	18	18	
7	27	2	2	2	22	22	22	22	22	22	22	18	18	18	18	18	18	17	17	
2	2	22	22	22	18	18	18	18	18	18	18	17	17	17	17	17	17	28	28	
2	22	18	18	18	17	17	17	17	17	17	17	28	28	28	28	28	28	25		
8	18	17	17	17	28	28	28	28	28	28	28	25	25	25	25	25	25	10		
7	17	28	28	28	25	25	25	25	25	25	25	10	10	10	10	10	10			
8	28	25	25	25	31	31	31	31	31	31	10	31	9	9	9	9	9			
5	25	31	31	31	10	10	10	10	10	10	31	9	31	31	31	31	31			
1	31	9	9	9	9	9	9	9	9	9	9									
9	9	10	10	10																
0	10																			

WERTUNGSPUNKTE

Fahrer: Lauda 48, Prost, 44,5, de Angelis 29, Arnoux 25, Piquet 24, Warwick 23, Rosberg 20,5, Alboreto 15,5, Tambay 10, Senna 9, Mansell 9, T. Fabi 7, Laffite 5, Boutsen 5, Cheever 3, Patrese 3, de Cesaris 3, Ghinzani 2, Surer 1

Konstrukteure: McLaren 92,5, Ferrari 40,5, Lotus 38, Renault 33, Brabham 31, Williams 25,5, Toleman 9, Alfa Romeo 6, Arrows 6, Ligier 3, Osella 2

Starker Alboreto, schwaches Getriebe, heißer Lader – enttäuschter Prost

Eisenbahnfan Riccardo Patrese im Alfa Romeo-Expreß

nett
Agip

Großer Preis der Niederlande

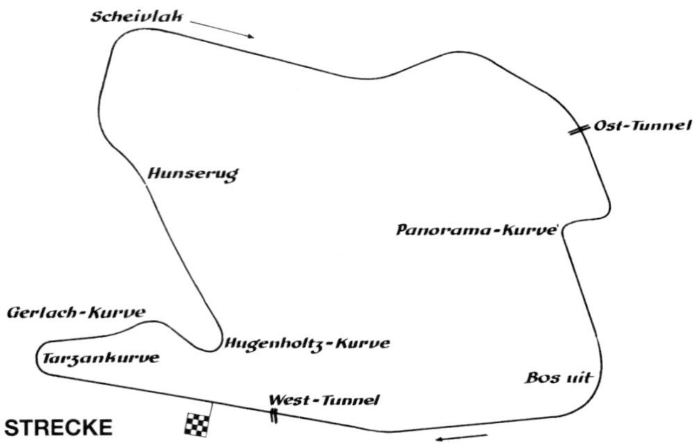

STRECKE

Ort und Datum	**Zandvoort, 26. August**
Wetter	**trocken, warm**
Streckenlänge	**4.252 km**
Runden	**71**
Renndistanz	**301,892 km**
Bestehender Rundenrekord	**1:19,350 = 192,907 km/h Rene Arnoux, Renault RE 25 GP 1980**
GP-Sieger 1983	**Rene Arnoux, Ferrari 126 C3 1:38.41,950 = 186,107 km/h**

TRAININGSZEITEN

			24. August	25. August
1	Nelson Piquet	Brabham BT 53	1.13,872	1.13,953
2	Teo Fabi	Brabham BT 53	1.16,607	1.15,338
3	Stefan Johansson	Tyrrell 012	1.20,959	1.20,236
4	Stefan Bellof	Tyrrell 012	1.20,861	1.20,092
5	Jacques Laffite	Williams FW 09 B	1.16,659	1.15,231
6	Keijo Rosberg	Williams FW 09 B	1.15,137	1.15,117
7	Alain Prost	McLaren MP4/2	1.14,946	1.13,567
8	Niki Lauda	McLaren MP4/2	1.15,556	1.14,866
9	Philippe Alliot	RAM 02	1.21,387	1.20,270
10	Dr. Jonathan Palmer	RAM 02	1.19,849	1.19,598
11	Elio de Angelis	Lotus 95 T	1.14,027	1.13,883
12	Nigel Mansell	Lotus 95 T	1.16,533	1.15,811
14	Manfred Winkelhock	ATS D 7	1.17,760	1.16,450
15	Patrick Tambay	Renault RE 50	1.17,013	1.14,566
16	Derek Warwick	Renault RE 50	1.15,184	1.14,405
17	Marc Surer	Arrows A 7	1.17,534	1.17,368
18	Thierry Boutsen	Arrows A 7	1.16,595	1.15,735
19	Ayrton Senna	Toleman TG 184	1.16,951	1.15,960
21	Huub Rothengatter	Spirit 101 B	1.24,771	1.21,063
22	Riccardo Patrese	Alfa Romeo 184 T	1.17,124	1.17,402
23	Eddie Cheever	Alfa Romeo 184 T	1.16,991	1.17,855
24	Piercarlo Ghinzani	Osella FA 1 F	1.22,472	1.19,454
25	Francois Hesnault	Ligier JS 23	1.18,469	1.17,905
26	Andrea de Cesaris	Ligier JS 23	1.17,897	1.16,070
27	Michele Alboreto	Ferrari 126 C4	1.16,248	1.15,264
28	Rene Arnoux	Ferrari 126 C4	1.16,121	1.16,200
30	Jo Gartner	Osella FA 1 F	1.21,655	1.20,017

Training

Als Niki Lauda vergangenes Jahr in Zandvoort den McLaren-Turbo auf Wunsch von TAG und noch gegen Porsches Willen zum erstenmal an den Start brachte, weckte er weder den Neid der Kollegen noch das besondere Interesse der konkurrierenden Konstrukteure. So sehr er die Entwicklung des Prototyps MP4/1 E auch mit vorangetrieben haben mochte – über den 19. Trainingsplatz und den zwölften Rang im Rennen kam er nicht hinaus. Nun kehrten er als Tabellenführer und sein Team als achtfacher Grand Prix-Sieger zurück.
Doch anders als McLaren, TAG und Porsche, die unmittelbar vor dem gemeinsamen Pokalgewinn standen, lag Lauda nur dreieinhalb Punkte vor dem Stallgefährten und spürte auch sofort wieder seinen heißen Atem. Das erste Zeittraining war noch nicht zur Hälfte gelaufen, da trennten ihn schon sechs Zehntelsekunden von Prost, und im zweiten verdoppelte sich der Abstand. Der Franzose verdrängte dabei sogar Piquet, der sich beim zweiten »go« mit dem letzten Satz Qualifiers auf dem Hunserug drehte, von der Pole-position und sicherte sich vor dem Brasilianer, de Angelis, Warwick, Tambay und Lauda den besten Startplatz. Zwischen den Lichtschranken bei Start und Ziel war er mit 291,291 Kilometern pro Stunde dagegen nur Zehnter – und Fabi, auf der Gesamtstrecke der Zehnte, mit 303,233 Schnellster.

Rennen

Alain Prost beherrschte seine Gegner nicht nur im Training, sondern auch im verspäteten Warm-up. Eine Dreiviertelstunde nach dem Sturz mehrerer Personen von der schlecht gesicherten Galerie über den Boxen ins Fahrerlager übernahm er sofort wieder das Kommando und fuhr mit vollem Tank und den zur engeren Wahl stehenden Rennreifen sogar bis zu anderthalb

Sekunden schneller als sein Stallgefährte. Der Wille zur Wiedergutmachung seines Fehlers in Zeltweg war unverkennbar.
Dennoch hatte Prost wieder einen schweren Start ins Rennen. Trotz allen Bemühungen, diesmal von der Pole-position aus in Führung zu gehen, unterlag er Piquet auch auf dem kürzeren Weg zur ersten Kurve und fand sich erneut seiner aufreizenden Hinhaltetaktik ausgesetzt. Jeden Raumgewinn, den er zwischen Tarzan und Bos uit erzielte, verlor er zwischen Bos uit und Tarzan wieder, und während sie so ihre Stellung zueinander nur relativ veränderten, lösten sie sich allmählich von Tambay, de Angelis, Rosberg, Warwick und Laffite. Noch schwerer tat sich jedoch Lauda, der bei Grün statt fünf plötzlich acht Vordermänner hatte. Die überzähligen drei – Fabi, Boutsen und Alboreto – hielten ihn beinahe zwei Runden lang auf.
Als Prost noch Piquet wie ein Phantom jagte und Lauda seine ersten Versäumnisse aufarbeitete, riskierte auch der unermüdliche Rosberg wieder Kopf und Kragen, um seine »Gurke«, wie er den nahezu unfahrbaren Williams-Honda mittlerweile respektlos nannte, weiter in die Punkte zu peitschen. Querstehend, übersteuernd, untersteuernd und die eher zufälligen Fahrzustände unübersehbar auf die Piste radierend, trieb er de Angelis und Tambay so lange und so erbarmungslos vor sich her, bis sie ihm widerwillig Platz machten. Allerdings verbrauchte er dabei mehr Kraftstoff, als er später über den veränderlichen Ladedruck einsparen konnte. In der siebten Runde platzte Alboreto zuerst der Lader und dann der Motor.
Vier Runden später verstummte auch Piquets Motor. Diesmal war es ein undichter Anschluß im Ölkreislauf, der das dröhnende Triebwerk plötzlich zum Schweigen und den verantwortlichen Mechaniker in größte Verlegenheit brachte. Als der schuldlose Brasilianer zum achtenmal in dieser Saison unverrichteter Dinge aus dem Cockpit stieg, hatte McLaren sein neuntes Rennen bereits gewonnen und brauchte nur noch abzuwarten, welcher seiner Fahrer zuletzt ganz oben auf dem Treppchen stand. Denn kurz darauf überholte Lauda den merklich langsamer gewordenen Rosberg und setzte mit unverminderter Energie seinem Stallgefährten nach.
Eine Zeitlang schien das erste direkte Aufeinandertreffen der McLaren-Zwillinge unvermeidlich. In nur zwölf Runden verringerte Lauda seinen Rückstand von neun auf zweieinhalb Sekunden, und als dann Prost wieder anzog, hofften alle, die Ron Dennis und seine Mannschaft auch einmal in dieser Situation erleben wollten, daß dies nur an den beginnenden Überrundungen lag. Bedauerlicherweise führte jedoch bereits die Reifen-

Zandvoort '84: Rad an Rad ein ganzes Rennen

wahl Regie, und nach der hatte bei zunehmender Laufleistung diesmal Prost den schnelleren Part.
Ähnlich wie in Zeltweg milderten erbitterte Positionskämpfe im Feld und zähe Überrundungsmanöver die drückende Überlegenheit von Prost und Lauda ein wenig. So schlug sich Rosberg, inzwischen auch von Fehlzündungen gebremst, oft rundenlang mit Nachzüglern herum und geriet dabei wieder in die gefährliche Nähe von Tambay. Der Franzose selbst lag nur wenige Meter vor de Angelis, Warwick, Laffite, Fabi und Senna und gewann erst durch Dreher des Brabham- und Lotus-Fahrers sowie Motorschäden am Toleman und Williams den alten Abstand wieder. Als Warwick und Winkelhock in der 24. Runde bei Scheivlak auf dem Öl des explodierten Honda-Motors ungewarnt aus dem Rennen rutschten, schloß de Angelis erneut zu Tambay auf und wurde gleichzeitig von seinem Stallgefährten gehetzt. Für Mansell war es ein Prestigeduell, denn Lotus hatte kurz vor dem Start seinen Ersatz durch Senna für 1985/86 bekanntgegeben. Der verärgerte Brite gewann den Zweikampf und kassierte am Ende einen Weltmeisterschaftspunkt mehr.

Die Reifen – Prost fuhr wie Lauda in Zeltweg vier Michelin 10 und Lauda wie Prost je zwei 05 und 10 – entschieden das Verfolgungsrennen an der Spitze um die 30. Runde. Der Österreicher kam noch bis auf 2,1 Sekunden an den Franzosen heran und schaltete dann mit Rücksicht auf die unerwartet früh erschlafften 05er von Angriff auf Platzhalten um. Während ihr Abstand schließlich zwischen zehn und 24 Sekunden pendelte, büßte auch Rosberg Meter für Meter gegen die Lotus-Fahrer ein und fiel unmittelbar nach deren Positionswechsel auf den vierten Platz zurück. In der 60. Runde bremste Arnoux mit verschlissenen Reifen so hart in die Boxengasse, daß Boutsen mit voller Wucht auf seine Hinterräder prallte, und neun Runden später überholten de Angelis, Fabi, Tambay, Hesnault, Johansson und Bellof den trotz äußerster Zurückhaltung doch noch trockengelaufenen Rosberg.
Nach dem fünften Saisonsieg von Prost und Laudas erneutem dreifachem Punktverlust konnte von einer Vorentscheidung in der Weltmeisterschaft keine Rede sein. Der diesmal schlechter bereifte Österreicher lag nur noch einen halben Zähler vor dem Franzosen.

RUNDENTABELLE

			1	2	3	4	5	6	7	8	9	10	11	12	13	14	15
7	Alain Prost	McLaren MP4/2	1	1	1	1	1	1	1	1	1	1	7	7	7	7	7
1	Nelson Piquet	Brabham BT 53	7	7	7	7	7	7	7	7	7	7	6	8	8	8	8
11	Elio de Angelis	Lotus 95 T	15	15	15	15	6	6	6	6	6	6	8	6	6	6	6
16	Derek Warwick	Renault RE 50	11	11	11	6	15	15	15	15	8	8	15	15	15	15	15
15	Patrick Tambay	Renault RE 50	6	6	6	11	11	11	11	8	15	15	11	11	11	11	11
8	Niki Lauda	McLaren MP4/2	16	16	16	16	16	8	8	11	11	11	16	16	16	16	16
6	Keijo Rosberg	Williams FW 09 B	5	5	5	5	8	16	16	16	16	16	5	5	5	5	5
5	Jacques Laffite	Williams FW 09 B	27	8	8	8	5	5	5	5	5	5	2	2	2	2	2
27	Michele Alboreto	Ferrari 126 C4	8	27	27	27	27	27	19	19	19	2	19	19	19	19	19
2	Teo Fabi	Brabham BT 53	18	18	2	19	19	19	2	2	2	19	28	28	28	28	28
18	Thierry Boutsen	Arrows A 7	2	2	18	2	2	2	28	28	28	28	18	18	18	18	18
12	Nigel Mansell	Lotus 95 T	19	19	19	18	28	28	18	18	18	18	12	12	12	12	12
19	Ayrton Senna	Toleman TG 184	28	28	28	28	18	18	12	12	12	12	22	22	22	22	22
26	Andrea de Cesaris	Ligier JS 23	12	12	12	12	12	12	22	22	22	22	26	26	26	26	26
28	Rene Arnoux	Ferrari 126 C4	22	22	22	22	22	22	26	26	26	26	17	17	17	17	17
14	M. Winkelhock	ATS D 7	17	17	17	17	17	17	17	17	17	17	25	25	25	25	25
23	Eddie Cheever	Alfa Romeo 184 T	25	25	25	26	26	26	25	25	25	25	4	4	23	23	23
22	Riccardo Patrese	Alfa Romeo 184 T	24	24	26	25	25	25	4	4	4	4	3	3	4	4	3
17	Marc Surer	Arrows A 7	26	26	24	24	24	24	3	3	3	3	23	23	3	3	4
25	Francois Hesnault	Ligier JS 23	3	4	4	4	4	4	24	24	23	23	30	30	30	30	30
24	Piercarlo Ghinzani	Osella FA 1 F	4	3	3	3	3	3	23	23	30	30	9	9	9	9	9
10	Dr. J. Palmer	RAM 02	21	21	30	30	30	30	30	30	9	9	10	10	10	10	14
30	Jo Gartner	Osella FA 1 F	30	30	21	21	23	23	21	9	10	10	14	14	14	14	10
4	Stefan Bellof	Tyrrell 012	9	9	23	23	21	21	9	21	21	14	21	21	21	21	21
3	Stefan Johansson	Tyrrell 012	10	10	9	9	9	9	10	10	14	21					
9	Philippe Alliot	RAM 02	23	23	10	10	10	10	(27)	14							
21	Huub Rothengatter	Spirit 101 B	14	14	14	14	14	14	14								

		16	17	18	19	20	21	22	23	24	25	26	27	28	29
7	Alain Prost	7	7	7	7	7	7	7	7	7	7	7	7	7	7
1	Nelson Piquet	8	8	8	8	8	8	8	8	8	8	8	8	8	8
11	Elio de Angelis	6	6	6	6	6	6	6	6	6	6	6	6	6	6
16	Derek Warwick	15	15	15	15	15	15	15	15	15	15	15	15	15	15
15	Patrick Tambay	11	11	11	11	11	11	11	11	11	11	11	11	11	11
8	Niki Lauda	16	16	16	16	16	5	5	5	28	28	12	12	12	12
6	Keijo Rosberg	5	5	5	5	5	16	16	16	12	12	28	28	28	28
5	Jacques Laffite	2	2	2	2	2	2	28	28	18	18	18	18	18	18
27	Michele Alboreto	19	19	19	19	28	28	18	12	22	22	22	22	22	22
2	Teo Fabi	28	28	28	28	18	18	12	18	26	26	26	26	26	26
18	Thierry Boutsen	18	18	18	18	12	12	(2)	22	2	2	2	2	2	2
12	Nigel Mansell	12	12	12	12	22	22	22	26	25	25	25	25	25	25
19	Ayrton Senna	22	22	22	22	26	26	26	25	23	23	23	23	23	23
26	Andrea de Cesaris	26	26	26	26	25	25	25	2	3	3	3	3	3	3
28	Rene Arnoux	17	25	25	25	23	23	23	23	4	4	4	4	4	4
14	M. Winkelhock	25	23	23	23	3	3	3	3	30	9	9	9	9	9
23	Eddie Cheever	23	3	3	3	4	4	4	4	9	10	10	10	10	10
22	Riccardo Patrese	3	4	4	4	30	30	30	30	10	21	30	30	30	30
17	Marc Surer	4	(17)	30	30	14	14	14	9	21	30	21	21	21	21
25	Francois Hesnault	30	30	14	14	9	9	9	10						
24	Piercarlo Ghinzani	9	9	9	9	10	10	10	21						
10	Dr. J. Palmer	14	14	10	10	21	21	21							
30	Jo Gartner	10	10	21	21										
4	Stefan Bellof	21	21												
3	Stefan Johansson														
9	Philippe Alliot														
21	Huub Rothengatter														

STARTAUFSTELLUNG

1 Nelson Piquet
1.13,872

16 Derek Warwick
1.14,405

8 Niki Lauda
1.14,866

5 Jacques Laffite
1.15,231

2 Teo Fabi
1.15,338

12 Nigel Mansell
1.15,811

26 Andrea de Cesaris
1.16,070

14 Manfred Winkelhock
1.16,450

22 Riccardo Patrese
1.17,124

25 Francois Hesnault
1.17,905

10 Dr. Jonathan Palmer
1.19,598

4 Stefan Bellof
1.20,092

9 Philippe Alliot
1.20,270

7 Alain Prost
1.13,567

11 Elio de Angelis
1.13,883

15 Patrick Tambay
1.14,566

6 Keijo Rosberg
1.15,117

27 Michele Alboreto
1.15,264

18 Thierry Boutsen
1.15,735

19 Ayrton Senna
1.15,960

28 Rene Arnoux
1.16,121

23 Eddie Cheever
1.16,991

17 Marc Surer
1.17,368

24 Piercarlo Ghinzani
1.19,454

30 Jo Gartner
1.20,017

3 Stefan Johansson
1.20,236

21 Huub Rothengatter
1.21,063

ERGEBNISSE UND AUSFÄLLE

1.	Alain Prost	McLaren MP4/2	1:37,21,468 = 186,051 km/h
2.	Niki Lauda	McLaren MP4/2	1:37.31,751
3.	Nigel Mansell	Lotus 95 T	1:38.41,012
4.	Elio de Angelis	Lotus 95 T	70 Runden
5.	Teo Fabi	Brabham BT 53	70 Runden
6.	Patrick Tambay	Renault RE 50	70 Runden
7.	Francois Hesnault	Ligier JS 23	69 Runden
8.	Stefan Johansson*	Tyrrell 012	69 Runden
9.	Stefan Bellof*	Tyrrell 012	69 Runden
10.	Keijo Rosberg	Williams FW 09 B	68 Runden, Kraftstoffmangel
11.	Dr. Jonathan Palmer	RAM 02	67 Runden
12.	Philippe Alliot	RAM 02	67 Runden
13.	Rene Arnoux	Ferrari 126 C4	66 Runden, Zündung
14.	Jo Gartner	Osella FA 1 F	66 Runden
15.	Eddie Cheever	Alfa Romeo 184 T	65 Runden, Kraftstoffmangel
16.	Thierry Boutsen	Arrows A 7	59 Runden, Unfall
17.	Huub Rothengatter	Spirit 101 B	53 Runden, Gaszug
18.	Riccardo Patrese	Alfa Romeo 184 T	51 Runden, Motor
19.	Andrea de Cesaris	Ligier JS 23	31 Runden, Motor
20.	Jacques Laffite	Williams FW 09 B	23 Runden, Motor
21.	Derek Warwick	Renault RE 50	23 Runden, Unfall
22.	Manfred Winkelhock	ATS D 7	22 Runden, Unfall
23.	Ayrton Senna	Toleman TG 184	19 Runden, Motor
24.	Marc Surer	Arrows A 7	17 Runden, Motor
25.	Nelson Piquet	Brabham BT 53	10 Runden, Motor
26.	Piercarlo Ghinzani	Osella FA 1 F	8 Runden, Zündung
27.	Michele Alboreto	Ferrari 126 C4	7 Runden, Motor

* außer Wertung

SCHNELLSTE RUNDE (64. Runde)

Rene Arnoux Ferrari 126 C4 1.19,465 = 192,628 km/h

1	32	33	34	35	36	37	38	39	40	41	42	43	44	45	46	47	48	49	50	51	52	53	54	55	56	57	58	59	60	61	62	63	64	65	66	67	68	69	70	71
7	7	7	7	7	7	7	7	7	7	7	7	7	7	7	7	7	7	7	7	7	7	7	7	7	7	7	7	7	7	7	7	7	7	7	7	7	7	7	7	7
8	8	8	8	8	8	8	8	8	8	8	8	8	8	8	8	8	8	8	8	8	8	8	8	8	8	8	8	8	8	8	8	8	8	8	8	8	8	8	8	8
6	6	6	6	6	6	6	6	6	6	6	6	6	6	6	6	6	6	6	6	6	6	12	12	12	12	12	12	12	12	12	12	12	12	12	12	12	12	12	12	12
5	15	15	15	15	15	11	11	11	11	11	11	11	11	11	11	11	11	11	11	11	12	6	6	6	6	6	6	6	6	6	6	6	6	6	6	6	11	11	11	
1	11	11	11	11	11	12	12	12	12	12	12	12	12	12	12	12	12	12	12	12	11	11	11	11	11	11	11	11	11	11	11	11	11	11	11	11	6	2	2	
2	12	12	12	12	12	15	28	28	28	28	28	28	28	28	2	2	2	2	2	15	15	15	2	2	2	2	2	2	2	2	2	2	2	2	2	2	2	15	15	
8	28	28	28	28	28	28	22	22	2	2	2	2	2	2	15	15	15	15	15	2	2	2	15	15	15	15	15	15	15	15	15	15	15	15	15	15	15	25		
8	18	22	22	22	22	22	2	2	22	22	22	15	15	15	28	28	28	28	28	23	28	28	28	28	28	28	28	18	28	28	28	28	28	28	28	25	25	3		
2	22	18	18	18	18	2	15	15	15	15	15	22	22	22	22	22	22	22	22	22	18	18	18	18	18	18	18	28	23	23	23	23	23	23	25	3	3	4		
2	2	2	2	2	2	18	23	23	18	18	18	18	18	18	18	18	18	18	18	13	23	23	23	23	23	23	23	23	25	25	25	25	25	25	3	4	4			
6	23	23	23	23	23	23	18	18	23	23	23	23	23	23	23	23	23	23	23	23	25	25	25	25	25	25	25	25	3	3	3	3	3	3	4	10				
3	25	25	25	25	25	25	25	25	25	25	25	25	25	25	25	25	25	25	25	25	3	3	3	3	3	3	3	3	4	4	4	4	4	4	10	9				
5	3	3	3	3	3	3	3	3	3	3	3	3	3	3	3	3	3	3	3	3	4	4	4	4	4	4	4	4	10	10	10	10	10	10	9					
3	4	4	4	4	4	4	4	4	4	4	4	4	4	4	4	4	4	4	4	4	10	10	10	10	10	10	10	10	9	9	9	9	9	9	30					
4	9	9	9	9	9	9	30	30	30	30	30	30	30	30	30	30	30	30	30	30	30	30	30	30	30	30	30	9	30	30	30	30	30	30						
9	30	30	30	30	30	30	9	9	9	10	10	10	10	10	10	10	10	10	10	10	9	9	9	9	9	9	9	30												
0	10	10	10	10	10	10	10	10	10	9	9	9	9	9	9	9	9	9	9	9	21	21																		
30	21	21	21	21	21	21	21	21	21	21	21	21	21	21	21	21	21	21	21	21																				
21																																								

WERTUNGSPUNKTE

Fahrer: Lauda 54, Prost 53,5, de Angelis 32, Arnoux 25, Piquet 24, Warwick 23, Rosberg 20,5, Alboreto 15,5, Mansell 13, Tambay 11, Senna 9, T. Fabi 9, Laffite 5, Boutsen 5, Cheever 3, Patrese 3, de Cesaris 3, Ghinzani 2, Surer 1

Konstrukteure: McLaren 107,5, Lotus 45, Ferrari 40,5, Renault 34, Brabham 33, Williams 25,5, Toleman 9, Alfa Romeo 6, Arrows 6, Ligier 3, Osella 2

Großer Preis von Italien

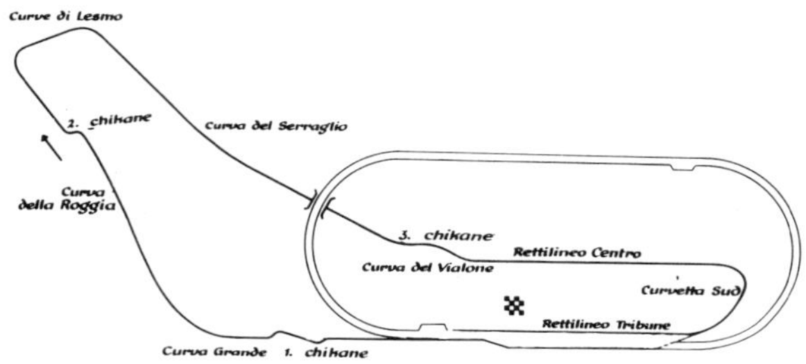

STRECKE

Ort und Datum	**Monza, 9. September**
Wetter	**trocken, warm**
Streckenlänge	**5,8 km**
Runden	**51**
Renndistanz	**295,8 km**
Bestehender Rundenrekord	**1.33,619 = 223,032 km/h Rene Arnoux, Renault RE 30 B GP 1982**
GP-Sieger 1983	**Nelson Piquet, Brabham BT 52 B 1:23.10,880 = 217,549 km/h**

TRAININGSZEITEN

			7. Sept.	8. Sept.
1	Nelson Piquet	Brabham BT 53	1.28,709	1.26,584
2	Teo Fabi	Brabham BT 53	1.29,383	1.28,587
5	Jacques Laffite	Williams FW 09 B	1.32,091	1.30,578
6	Keijo Rosberg	Williams FW 09 B	1.33,386	1.28,818
7	Alain Prost	McLaren MP4/2	1.29,854	1.26,671
8	Niki Lauda	McLaren MP4/2	1.30,142	1.28,533
9	Philippe Alliot	RAM 02	1.37,186	1.34,120
10	Dr. Jonathan Palmer	RAM 02	1.36,876	1.35,412
11	Elio de Angelis	Lotus 95 T	1.28,014	1.27,538
12	Nigel Mansell	Lotus 95 T	1.31,715	1.28,969
14	Manfred Winkelhock	ATS D 7	2.00,593	1.32,866
15	Patrick Tambay	Renault RE 50	1.31,532	1.29,253
16	Derek Warwick	Renault RE 50	1.30,113	1.30,569
17	Marc Surer	Arrows A 7	1.31,108	1.31,513
18	Thierry Boutsen	Arrows A 7	1.32,636	1.31,342
19	Stefan Johansson	Toleman TG 184	1.31,207	1.31,203
21	Huub Rothengatter	Spirit 101 B	1.38,255	1.34,719
22	Riccardo Patrese	Alfa Romeo 184 T	1.30,710	1.29,382
23	Eddie Cheever	Alfa Romeo 184 T	1.32,365	1.29,797
24	Piercarlo Ghinzani	Osella FA 1 F	1.33,456	1.33,562
25	Francois Hesnault	Ligier JS 23	1.32,779	1.31,274
26	Andrea de Cesaris	Ligier JS 23	1.32,014	1.31,198
27	Michele Alboreto	Ferrari 126 C4	1.29,810	1.30,069
28	Rene Arnoux	Ferrari 126 C4	1.31,495	1.30,695
30	Jo Gartner	Osella FA 1 F	1.37,123	1.34,472
31	Gerhard Berger	ATS D 7	1.33,161	1.31,549
Nicht qualifiziert:				
20	Pierluigi Martini	Toleman TG 184	1.38,312	1.35,840

Training

Je näher das Saisonende rückte, um so mehr vertiefte sich die Kluft zwischen den Sympathisanten der beiden Titelanwärter. Die Anhänger des Österreichers wünschten Lauda zur Krönung seiner ohnehin beispiellosen Karriere die dritte Weltmeisterschaft und die Fans des Franzosen wollten nach zwei ebenso knapp wie unglücklich gescheiterten Versuchen endlich Prost auf dem Thron. Der Standpunkt hing weitgehend von der Nationalität ab und teilte sich über das jeweilige Publikum und die ständigen Begleiter selbst dem international besetzten McLaren-Team mit. Bei Lauda kam in Monza noch die abgrundtiefe Verachtung fahnenflüchtiger Ferrari-Piloten hinzu.
Aber nicht nur Lauda war und machte sich, sobald er sich ans Steuer setzte, unbeliebt. Denn während an den Boxen der teils deutschsprachigen Teams noch das Bonmot von der »Höhle des Löwchens« kursierte, erteilten die Brabham-BMW-, McLaren-TAG/Porsche- und Lotus-Renault-Fahrer ihren Ferrari-Kollegen die nächste Abfuhr und verbannten sie mit Hilfe von Rosberg, Tambay, Patrese und Cheever in die sechste und siebte Startreihe. Zuletzt richtete sich der Volkszorn allerdings auch gegen die eigenen Leute.

Rennen

Zuschauerprognosen und Zuschauerverhalten klafften weit auseinander. Statt der 250000, die Presse, Funk und Fernsehen dem 55. Gran Premio d'Italia vorhersagten, strömten keine 90000 in den Königlichen Park und verliehen der gigantischen Arena eine eher spärliche Kulisse. Selbst auf der Haupttribüne hinterließen die zur Zeit mehr als kläglichen Bemühungen der Hausmarke ihre Spuren – die unmißverständliche Antwort auf einen elften und 14. Startplatz. Und die, die trotzdem gekommen waren, hißten Transparente »Gilles, wir lieben dich«... Die Modeneser und ihre Fahrer konnten einem leidtun.
Dabei traten die Gegner keineswegs in Bestform an. Im

Team des künftigen Weltmeisters laborierte Lauda an einer äußerst schmerzhaften Bandscheibengeschichte, die er sich bei einer heftigen Lenkbewegung im zweiten freien Training zugezogen hatte, und bedurfte bis zum Start der intensiven Pflege seines Physiotherapeuten. Darüber hinaus zwangen Aussetzer im Warm-up und Kühlwasserverluste beide Fahrer mit ungetesteten Motoren und Prost wieder mit dem Reservewagen ins Rennen zu gehen. Auch Warwick wechselte wegen eines irreparablen Zündschadens noch das Auto und Renault wie Lotus rüsteten die Wagen von Tambay und de Angelis mit einer höherverdichteten Ausgabe des ohnedies nur bedingt standfesten französischen Sechszylinders aus. Ferrari selbst tauschte an beiden 126 C4 eine neue und offenbar noch wirkungslose »M 2«-Flaschenhalskarosse nach McLaren-Vorbild wieder gegen die bekannte Heckverkleidung.

Kurz vor dem Start erlebte die Formel 1 den zweiten spektakulären Abgang der Woche. Doch anders als bei Toleman, wo Senna aufgrund seines heimlich abgeschlossenen Lotus-Vertrags fristlos gekündigt und ebenso schnell durch den bei Tyrrell nur aushilfsweise beschäftigten Johansson ersetzt wurde, trennte sich bei ATS nicht das Team vom Fahrer, sondern der Fahrer vom Team – und BMW von ATS. Manfred Winkelhock und der Motorenlieferant (»Die Bayerischen Motoren Werke haben sich entschlossen, den Vertrag mit Günter Schmid nicht über die Saison 1984 hinaus zu verlängern...«) stiegen endlich und endgültig aus, als dem Waiblinger nach einem beinahe folgenschweren Aufhängungsbruch und mehreren Getriebeschäden im Training auch in der ersten Anwärmrunde plötzlich wieder drei Gänge fehlten.

Dagegen leitete ein wirklich seltener technischer Defekt schon bald die erneute Wende im Titelkampf ein. Nach nur drei Runden zog Prost zwischen der Curvetta Sud und der ersten Schikane die für TAG/Porsche völlig untypische Rauchfahne eines geplatzten Triebwerks oder ausgebrannten Turbos hinter sich her und stellte den vorher offenbar doch zu wenig bewegten Reserve-McLaren bei der Curva Grande ab. Als der um sechs erkämpfte und neun mögliche Punkte ärmere Franzose unter Polizeischutz zu den Boxen zurückmarschierte, begleiteten ihn Spott und Steinwürfe.

Nach dem frühen Ausfall von Prost führte Piquet vor Tambay, Fabi, Lauda und dem spurtstarken de Angelis. Der Trainingsdritte war beim Start schon halb durch die erste Reihe gebrochen, verfügte dann aber nicht über die Motorleistung, um auch den Brabham-Fahrer auszubeschleunigen und rang statt dessen nun mit Alboreto um den fünften Platz. Im Rücken des schnellen Sextetts setzten sich Cheever gegen Patrese und Mansell, Warwick gegen Patrese und Rosberg sowie Arnoux gegen de Cesaris durch. Doch kaum an elfter Stelle, machte ein Getriebeschaden den dritten Aufsteiger zum dritten Aussteiger.

Nelson Piquet auf seinem Stammplatz

Aber auch die Plazierungen der Spitzenreiter entsprachen nicht mehr ihren Möglichkeiten. So schaltete Piquet, der in der zweiten Runde bei Lesmo versehentlich über die hohen Bordsteine geschrappt war, seine Gänge ohne die dabei ruinierte Kupplung und Tambay litt seit der Öldusche von Prost unter erheblicher Sichtbehinderung. Bis der Anführer einen neuen Schaltrhythmus und sein Verfolger wieder den Durchblick gefunden hatten, schnappten bereits Fabi und Lauda nach ihren Hinterrädern. Nur ein harmloser Dreher des Italieners und das von den Rückenschmerzen sicherlich unabhängige taktische Verhalten des Österreichers gewährten ihnen Aufschub.

Tatsächlich brauchte sich aber nur Tambay seiner Hintermänner zu erwehren. Denn während er selbst noch Jagd auf den Führenden machte, explodierte auch Piquets Motor, und dann jagte ihn schon wieder Fabi. Der in seiner Angriffslust kaum wiederzuerkennende Italiener hatte in kürzester Zeit alle verlorenen Plätze zurückgewonnen und brannte nun förmlich auf seinen ersten Sieg. Aus sicherer Entfernung beobachtete Lauda die beiden.
Und Niki Lauda war es dann auch, dem 23 Runden später der Geduldsfaden riß. Plötzlich und unerwartet setzte er zu zwei trockenen Überholmanövern an und bremste Fabi vor der Curvetta Sud und Tambay bei Lesmo aus. Allerdings kämpfte der eine bereits mit einem nahenden Motorschaden und der andere mit seinem klemmenden Gaspedal. Ihre nachfolgenden Ausfälle brachten Alboreto noch auf den zweiten Platz und alle drei Österreicher unter die ersten sechs.
Die besonderen Umstände machten weder einen strahlenden Sieger noch einen zufriedenen Zweiten. Doch während Lauda schmerzverzerrt wieder auf einen stattlichen Vorsprung in der Weltmeisterschaft blickte, empfand Alboreto den Applaus für seine Ohnmacht am Steuer wie Hohn.

STARTAUFSTELLUNG

1 Nelson Piquet
1.26,584

7 Alain Prost
1.26,671

11 Elio de Angelis
1.27,538

8 Niki Lauda
1.28,533

2 Teo Fabi
1.28,587

6 Keijo Rosberg
1.28,818

12 Nigel Mansell
1.28,969

15 Patrick Tambay
1.29,253

22 Riccardo Patrese
1.29,382

23 Eddie Cheever
1.29,797

27 Michele Alboreto
1.29,810

16 Derek Warwick
1.30,113

5 Jacques Laffite
1.30,578

28 Rene Arnoux
1.30,695

17 Marc Surer*
1.31,108

26 Andrea de Cesaris
1.31,198

19 Stefan Johansson
1.31,203

25 Francois Hesnault
1.31,274

18 Thierry Boutsen
1.31,342

31 Gerhard Berger
1.31,549

14 Manfred Winkelhock**
1.32,866

24 Piercarlo Ghinzani
1.33,456

9 Philippe Alliot
1.34,120

30 Jo Gartner
1.34,472

21 Huub Rothengatter
1.34,719

10 Dr. Jonathan Palmer
1.35,412

* von den Boxen aus gestartet
** nicht gestartet

RUNDENTABELLE

			1	2	3	4	5	6	7	8	9	10	11	12	13	14	15	16	17	18	19	20	21	22	23	24	25	26	27	28	29	30
1	Nelson Piquet	Brabham BT 53	1	1	1	1	1	1	1	1	1	1	1	1	1	1	1	15	15	15	15	15	15	15	15	15	15	15	15	15	15	15
7	Alain Prost	McLaren MP4/2	7	7	7	15	15	15	15	15	15	15	15	15	15	15	15	8	2	2	2	2	2	2	2	2	2	2	2	2	2	2
11	Elio de Angelis	Lotus 95 T	11	15	15	2	2	2	2	8	8	8	8	8	8	8	8	2	8	8	8	8	8	8	8	8	8	8	8	8	8	8
8	Niki Lauda	McLaren MP4/2	15	11	2	8	8	8	8	27	27	27	27	2	2	2	2	27	27	27	27	27	27	27	27	27	27	27	27	27	27	27
2	Teo Fabi	Brabham BT 53	2	2	8	11	11	11	27	11	11	11	2	27	27	27	27	23	23	23	16	16	16	16	16	16	16	16	16	16	16	16
6	Keijo Rosberg	Williams FW 09 B	8	8	11	27	27	27	11	23	23	2	11	11	11	23	23	16	16	16	23	23	23	23	23	23	23	23	23	23	23	23
12	Nigel Mansell	Lotus 95 T	12	12	12	12	12	23	23	16	2	23	23	23	23	16	16	19	19	19	19	19	19	19	19	19	19	19	19	19	19	19
15	Patrick Tambay	Renault RE 50	22	22	27	23	23	12	16	2	16	16	16	16	16	19	19	(1)	22	22	22	22	22	22	22	22	22	22	22	17	17	17
22	Riccardo Patrese	Alfa Romeo 184 T	23	17	23	16	16	16	6	6	12	5	12	12	12	11	18	22	24	24	24	24	17	17	17	17	17	17	17	22	22	22
23	Eddie Cheever	Alfa Romeo 184 T	6	23	16	6	6	6	12	12	5	12	19	19	19	18	22	24	17	17	17	17	24	24	24	24	24	24	24	24	24	24
27	Michele Alboreto	Ferrari 126 C4	27	6	22	26	28	5	5	5	19	19	18	18	18	22	24	17	30	30	30	30	30	30	30	18	18	18	18	18	18	18
16	Derek Warwick	Renault RE 50	16	16	6	28	26	26	26	19	18	18	22	22	22	24	17	(18)	18	18	18	18	18	18	18	30	30	30	30	30	30	30
5	Jacques Laffite	Williams FW 09 B	26	26	26	5	5	19	19	18	22	22	24	24	24	17	30	30	31	10	10	10	21	21	21	21	21	21	21	21	21	21
28	Rene Arnoux	Ferrari 126 C4	28	28	28	22	22	22	18	22	24	24	17	17	17	30	31	31	10	21	21	21	31	31	31	31	31	31	31	31	31	31
17	Marc Surer	Arrows A 7	5	5	5	18	19	18	22	24	17	17	30	30	30	31	10	10	21	31	31	31	(10)									
26	Andrea de Cesaris	Ligier JS 23	18	18	18	19	18	24	24	17	31	30	(5)	31	31	10	21	21														
19	Stefan Johansson	Toleman TG 184	19	19	24	24	24	25	25	31	30	31	31	10	10	21	(11)															
25	Francois Hesnault	Ligier JS 23	25	25	19	25	25	31	17	30	10	21	21	21	21																	
18	Thierry Boutsen	Arrows A 7	24	24	25	31	31	30	31	10	21	10	10																			
31	Gerhard Berger	ATS D 7	31	31	31	30	30	17	30	21																						
24	Piercarlo Ghinzani	Osella FA 1 F	30	30	30	9	9	9	10	(26)																						
9	Philippe Alliot	RAM 02	9	9	9	21	17	10	21																							
30	Jo Gartner	Osella FA 1 F	21	21	21	17	21	21																								
21	Huub Rothengatter	Spirit 101 B	10	10	10	10	10																									
10	Dr. J. Palmer	RAM 02	17	17	17																											

ERGEBNISSE UND AUSFÄLLE

1. Niki Lauda	McLaren MP4/2	1:20.29,065 = 220,514 km/h
2. Michele Alboreto	Ferrari 126 C4	1:20.53,314
3. Riccardo Patrese	Alfa Romeo 184 T	50 Runden
4. Stefan Johansson	Toleman TG 184	49 Runden
5. Jo Gartner*	Osella FA 1 F	49 Runden
6. Gerhard Berger*	ATS D 7	49 Runden
7. Piercarlo Ghinzani	Osella FA 1 F	48 Runden, Kraftstoffmangel
8. Huub Rothengatter	Spirit 101 B	48 Runden
9. Eddie Cheever	Alfa Romeo 184 T	45 Runden, Kraftstoffmangel
10. Thierry Boutsen	Arrows A 7	45 Runden
11. Patrick Tambay	Renault RE 50	44 Runden, Gaszug
12. Marc Surer	Arrows A 7	44 Runden, Motor
13. Teo Fabi	Brabham BT 53	43 Runden, Motor
14. Derek Warwick	Renault RE 50	31 Runden, Motor
15. Dr. Jonathan Palmer	RAM 02	21 Runden, Motor
16. Nelson Piquet	Brabham BT 53	16 Runden, Motor
17. Elio de Angelis	Lotus 95 T	15 Runden, Getriebe
18. Nigel Mansell	Lotus 95 T	13 Runden, Dreher
19. Jacques Laffite	Williams FW 09 B	11 Runden, Motor
20. Keijo Rosberg	Williams FW 09 B	8 Runden, Motor
21. Andrea de Cesaris	Ligier JS 23	8 Runden, Motor
22. Francois Hesnault	Ligier JS 23	7 Runden, Dreher
23. Philippe Alliot	RAM 02	6 Runden, Zündung
24. Rene Arnoux	Ferrari 126 C4	5 Runden, Getriebe
25. Alain Prost	McLaren MP4/2	3 Runden, Motor

* nicht gewertet

SCHNELLSTE RUNDE (42. Runde)

Niki Lauda McLaren MP4/2 1.31,912 = 227,174 km/h

31	32	33	34	35	36	37	38	39	40	41	42	43	44	45	46	47	48	49	50	51
15	15	15	15	15	15	15	15	15	15	15	15	8	8	8	8	8	8	8	8	8
2	2	2	2	2	2	2	2	2	8	8	8	15	15	27	27	27	27	27	27	27
8	8	8	8	8	8	8	8	8	2	2	2	2	27	23	22	22	22	22	22	
27	27	27	27	27	27	27	27	27	27	27	27	27	23	19	19	24	(24)	19		
16	23	23	23	23	23	23	23	23	23	23	19	19	(19)	22	24	19	19	30		
23	19	19	19	19	19	19	19	19	19	19	23	23	17	24	30	30	30	31		
19	17	17	17	17	17	17	17	17	17	17	17	17	22	30	31	31	31			
17	22	22	22	22	22	22	22	22	22	22	22	22	24	31	21	21	21			
22	24	24	24	24	24	24	24	24	24	24	24	24	30	21						
24	30	30	30	30	30	30	30	30	30	30	30	30	31	18						
30	21	31	31	31	31	31	31	31	31	31	31	31	21							
21	31	21	21	21	21	21	21	21	21	21	21	21	18							
31	18	18	18	18	18	18	18	18	18	18	18	18								
(18)																				

WERTUNGSPUNKTE

Fahrer: Lauda 63, Prost 53,5, de Angelis 32, Arnoux 25, Piquet 24, Warwick 23, Alboreto 21,5, Rosberg 20,5, Mansell 13, Tambay 11, Senna 9, T. Fabi 9, Patrese 7, Laffite 5, Boutsen 5, Cheever 3, de Cesaris 3, Johansson 3, Ghinzani 2, Surer 1

Konstrukteure: McLaren 116,5, Ferrari 46,5, Lotus 45, Renault 34, Brabham 33, Williams 25,5, Toleman 12, Alfa Romeo 10, Arrows 6, Ligier 3, Osella 2

Turbofahne als Reklamegag (oben), Schaulauf der Osella-Zwillinge

Ferrari mit »Flaschenhals«-Karosse

Großer Preis von Europa

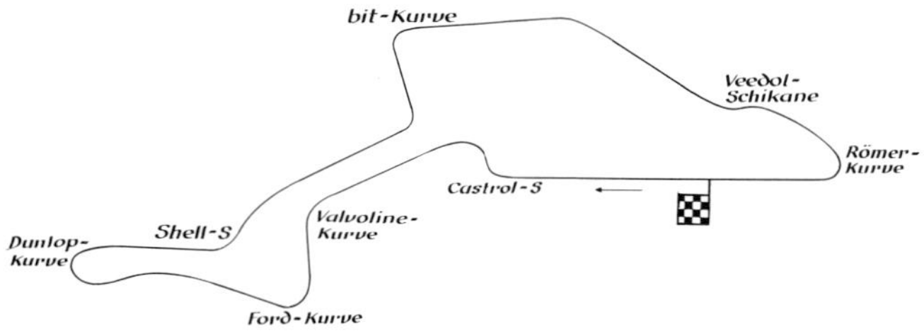

STRECKE

Ort und Datum	**Nürburgring, 7. Oktober**
Wetter	**trocken, kalt**
Streckenlänge	**4,542 km**
Runden	**67**
Renndistanz	**304,314 km**

Erstes Rennen auf neuer Strecke

TRAININGSZEITEN

			5. Okt.	6. Okt.
1	Nelson Piquet	Brabham BT 53	1.18,871	1.43,988
2	Teo Fabi	Brabham BT 53	1.22,206	1.45,075
5	Jacques Laffite	Williams FW 09 B	1.22,613	–
6	Keijo Rosberg	Williams FW 09 B	1.20,652	1.43,619
7	Alain Prost	McLaren MP4/2	1.19,175	1.40,693
8	Niki Lauda	McLaren MP4/2	1.22,643	1.40,392
9	Philippe Alliot	RAM 02	1.30,259	1.53,587
10	Dr. Jonathan Palmer	RAM 02	1.25,050	1.51,449
11	Elio de Angelis	Lotus 95 T	1.26,161	1.39,762
12	Nigel Mansell	Lotus 95 T	1.21,710	1.40,705
15	Patrick Tambay	Renault RE 50	1.19,499	–
16	Derek Warwick	Renault RE 50	1.21,571	1.44,289
17	Marc Surer	Arrows A 7	1.22,708	1.45,319
18	Thierry Boutsen	Arrows A 7	1.22,248	1.44,642
19	Ayrton Senna	Toleman TG 184	1.22,439	1.43,747
20	Stefan Johansson	Toleman TG 184	1.41,178	1.43,881
21	Mauro Baldi	Spirit 101 B	1.28,137	1.45,814
22	Riccardo Patrese	Alfa Romeo 184 T	1.21,937	1.41,724
23	Eddie Cheever	Alfa Romeo 184 T	1.22,525	1.41,285
24	Piercarlo Ghinzani	Osella FA 1 F	1.24,699	1.42,746
25	Francois Hesnault	Ligier JS 23	1.23,322	1.44,420
26	Andrea de Cesaris	Ligier JS 23 B	1.23,034	1.42,362
27	Michele Alboreto	Ferrari 126 C4	1.20,910	1.41,878
28	Rene Arnoux	Ferrari 126 C4	1.21,180	1.42,457
30	Jo Gartner	Osella FA 1 F	1.26,156	1.48,214
31	Gerhard Berger	ATS D 7	1.23,116	1.44,899

Training

Der neue Nürburgring zog die Massen nicht an. Weder der Tabellenstand, nach dem ein siegreicher oder zweitplazierter Lauda seine »Schicksalsstrecke« als Weltmeister verlassen hätte, noch das deutsch-deutsche Motorenduell zwischen BMW und Porsche füllten die überteuerten Ränge in der naßkalten Eifel. Das Training fand gewissermaßen unter Ausschluß der Öffentlichkeit statt und das Rennen vor kläglichen 60000 »Fans«. Umfragen, an denen es nicht fehlte, deckten die Gründe auf: keine mit der »Grünen Hölle« vergleichbare Atmosphäre, keine Möglichkeit, das Geschehen vom traditionellen Zeltplatz aus zu verfolgen, keine Chance, irgendwo irgend etwas hautnah zu erleben – und eben die Preise. Nur das schlechte Wetter wurde den Terminplanern angelastet.

Die für die Jahreszeit geradezu typische Eifelwetterlage machte allerdings nicht nur dem Oberkassier des Veranstalters und seinen wenigen Kunden zu schaffen. Auch die Fahrer, deren Trainingsfahrplan nicht zufällig mit den kurzen Trockenphasen des ersten gewerteten Durchgangs übereinstimmte, sahen sich später Startplätzen gegenüber, die oft nicht ihrer Leistung und beim Tabellenführer und -dritten schon gar nicht ihren Bedürfnissen entsprachen. Während Piquet und Prost sich wieder einmal die erste und Tambay, Rosberg, Alboreto, Arnoux, Warwick und Mansell die folgenden Startreihen teilten, hielten fortlaufende Störungen in der Motorelektronik und zwei Laderschäden Lauda und de Angelis auf den Plätzen 15 und 23 fest. Noch vor dem Österreicher plazierte sich Senna, der durch massiven Druck der Konstrukteursvereinigung seinen Arbeitsplatz im Toleman-Cockpit bis Saisonende zurückerhalten hatte.

Rennen

Sekunden nach dem Start hatte Lauda die beste Gelegenheit, entweder alles zu verlieren oder eine ganze Reihe der im Training verlorenen Plätze zurückzugewinnen. Er gewann, und wer verlor, waren die von ihm nur knapp verfehlten Beteiligten einer Massenkarambolage in der ersten Kurve. Nicht weit hinter Prost und Tambay, die Piquet hart an der Grenze eines Frühstarts ausbeschleunigt hatten, verhakte sich Senna, angeblich von Cheever gestoßen, mit den Rädern bei Rosberg und wirbelte halb über ihm, halb neben ihm und mit ihm zusammen ins Gras. Die Brems- und Ausweichmanöver der andern lösten eine Kettenreaktion aus, in deren Verlauf auch Berger, Surer und Ghinzani auf der Strecke blieben. Laffite und Mansell fanden aus eigener Kraft und Fabi mit fremder Hilfe wieder zur Piste zurück.
Unter dicken schwarzen Wolken, die sich bei einem steifen Nordwest zum Glück aber nicht wieder festsetzten und später sogar der Sonne wichen, führte nun Prost vor Tambay, Piquet, Warwick, Alboreto, Arnoux, Patrese, Cheever, Lauda, Boutsen und de Angelis. Der kleine Franzose zeigte absolut keine Nerven, wie viele nach seiner Karambolage mit einem vor einer Reifenbarriere geparkten Wagen der ONS-Sicherheitsstaffel (!) im Warm-up angenommen hatten, und drehte eine makellose Runde nach der andern. Von dieser Seite hatte Lauda keine Schützenhilfe zu erwarten, und auch im Pulk vor ihm gaben nur Cheever, Patrese und Arnoux seinem verzweifelten Drängen nach. Von der sechsten bis zur 45. Runde kam er nicht über den sechsten Platz hinaus und durfte dann nicht einmal mehr an den zweiten denken. Der Abstand betrug schon über eine halbe Minute.
Anders als bei den meist hochdramatischen Begegnungen mit Piquet kam es zwischen Prost und Tambay nie zu einem funkensprühenden Aufeinandertreffen. Schon in der Startrunde setzte sich der eine Franzose eine halbe Sekunde vom andern ab, und bei dieser Rate blieben sie, solange der Renault noch mit dem TAG-Turbo von Porsche im gleichen Takt schlug. Der

Alain Prost fährt ein großes Rennen

Die Schrittmacher: Nelson Piquet (rechts oben) und Alain Prost diktierten im Training wie im Renne

(hier die Startrunde des Großen Preises von Österreich) meist das Tempo

Brasilianer selbst übte im Renault-Sandwich eher Zurückhaltung, die wohl mehr auf Ankommen als auf eine erneute Demonstration der Spitzenleistung seines BMW-Motors zielte, und beim Versuch, über Alboreto in diesen flotten Dreier einzubrechen, unterlief Lauda in der 22. Runde einer seiner ganz seltenen und in der besonderen Situation beinahe verhängnisvollen Fehler. Er setzte auf die Mitarbeit von Baldi, als er den Spirit-Piloten zusammen mit Alboreto in der letzten Kurve vor Start und Ziel überrunden wollte, und konnte seinen Irrtum nur noch auf der Bremse mit einem zeitraubenden Dreher korrigieren. Die relativ niedrige Geschwindigkeit und die weiträumige Anlage der Strecke verhinderten Schlimmeres.

Die langen Sekunden, die Lauda beim Sortieren der Gänge und Rangieren verlor, setzten ihn für drei Runden den Angriffen von de Angelis aus. Während Alboreto und Warwick auf die geschwundene Gefahr sofort mit einer leichteren Gangart reagierten, versuchte der Italiener die Behinderung des Österreichers durch die angeschliffenen Reifen auszunützen und ihm den auch für ihn selbst wichtigen Wertungspunkt abzujagen. Doch bevor es dazu kam, warf ihn ein verglühter Turbolader aus dem Rennen. Seine Stelle, aber nicht den Platz, um Druck auf Lauda auszuüben, eignete sich sein erstaunlich gut vorangekommener Stallgefährte Mansell in der 39. Runde an.

Nach dem ärgerlichen Zwischenfall in der sogenannten Römer (Sturzhelm)-Kurve – welch ein Name im Vergleich zu Hatzenbach, Schwedenkreuz, Fuchsröhre, Kesselchen, Karussell, Hohe Acht, Brünnchen und Schwalbenschwanz! – hatte Lauda von sich aus keine Möglichkeit mehr, seine Lage auch nur um einen Platz zu verbessern. Als er in der 45. Runde dann doch einen Punkt »machte«, verdankte er ihn allein dem Pech von Tambay, den eine elektrische Panne erneut um den verdienten Lohn für eine reife Leistung brachte, und genau zehn Runden später verhalf ihm ein Turboschaden bei Warwick zum insgesamt dritten. Auf die Ausfälle von Piquet und Alboreto wartete er jedoch vergeblich – der leergesaugte Ferrari überholte noch den ausgetrockneten Brabham und beide blieben erst hinter der Ziellinie stehen.

Während Lauda, vom Rennen und der Enttäuschung gezeichnet, den aufdringlichen Journalisten zu entfliehen versuchte, weilte Prost in Gedanken schon in Estoril. Durch seinen großartigen Sieg und die vergleichsweise geringe Ausbeute des Stallgefährten waren seine Titelchancen wieder um sechs Punkte gestiegen.

RUNDENTABELLE

1	Nelson Piquet	Brabham BT 53
7	Alain Prost	McLaren MP4/2
15	Patrick Tambay	Renault RE 50
6	Keijo Rosberg	Williams FW 09 B
27	Michele Alboreto	Ferrari 126 C4
28	Rene Arnoux	Ferrari 126 C4
16	Derek Warwick	Renault RE 50
12	Nigel Mansell	Lotus 95 T
22	Riccardo Patrese	Alfa Romeo 184 T
2	Teo Fabi	Brabham BT 53
18	Thierry Boutsen	Arrows A 7
19	Ayrton Senna	Toleman TG 184
23	Eddie Cheever	Alfa Romeo 184 T
5	Jacques Laffite	Williams FW 09 B
8	Niki Lauda	McLaren MP4/2
17	Marc Surer	Arrows A 7
26	Andrea de Cesaris	Ligier JS 23 B
31	Gerhard Berger	ATS D 7
25	Francois Hesnault	Ligier JS 23
24	Piercarlo Ghinzani	Osella FA 1 F
10	Dr. J. Palmer	RAM 02
30	Jo Gartner	Osella FA 1 F
11	Elio de Angelis	Lotus 95 T
21	Mauro Baldi	Spirit 101 B
9	Philippe Alliot	RAM 02
10	Stefan Johansson	Toleman TG 184

1	2	3	4	5	6	7	8	9	10	11	12	13	14	15	16	17	18	19	20	21	22	23	24	25	26	27	28	29	30
7	7	7	7	7	7	7	7	7	7	7	7	7	7	7	7	7	7	7	7	7	7	7	7	7	7	7	7	7	7
15	15	15	15	15	15	15	15	15	15	15	15	15	15	15	15	15	15	15	15	15	15	15	15	15	15	15	15	15	15
1	1	1	1	1	1	1	1	1	1	1	1	1	1	1	1	1	1	1	1	1	1	1	1	1	1	1	1	1	1
16	16	16	16	16	16	16	16	16	16	16	16	16	16	16	16	16	16	16	16	16	16	16	16	16	16	16	16	16	16
27	27	27	27	27	27	27	27	27	27	27	27	27	27	27	27	27	27	27	27	27	27	27	27	27	27	27	27	27	27
28	28	28	28	8	8	8	8	8	8	8	8	8	8	8	8	8	8	8	8	8	8	8	8	8	8	8	8	8	8
22	22	8	8	28	28	28	28	28	28	28	28	28	28	28	11	11	11	11	11	11	11	11	11	11	28	28	28	28	28
23	8	22	22	22	22	22	22	22	22	22	22	11	11	11	28	28	28	28	28	28	28	28	28	28	22	22	22	22	22
8	23	23	23	23	23	23	23	23	11	11	11	22	22	22	22	22	22	22	22	22	22	22	22	22	23	23	23	23	12
18	11	11	11	11	11	11	11	11	23	23	23	23	23	23	23	23	23	23	23	23	23	23	23	23	12	12	12	12	23
11	18	18	18	18	18	18	18	18	18	18	18	18	26	26	12	12	12	12	12	12	12	12	12	12	26	26	26	26	26
25	26	26	26	26	26	26	26	26	26	26	26	26	20	12	26	26	26	26	26	26	26	26	26	26	5	5	18	18	18
26	20	20	20	20	20	20	20	20	20	20	20	20	12	20	20	5	5	5	5	5	5	5	5	5	25	18	25	25	25
20	25	25	25	25	25	12	12	12	12	12	12	12	18	5	5	25	25	25	25	25	25	25	25	25	18	25	21	21	21
10	10	10	12	12	12	25	25	25	25	5	5	5	5	25	25	20	18	18	18	18	18	18	18	18	21	21	30	30	30
30	30	30	10	5	5	5	5	5	5	25	25	25	25	30	30	30	30	30	30	30	30	30	30	21	30	30	2	2	2
21	21	12	30	10	10	10	10	30	30	30	30	30	30	21	21	18	21	21	21	21	21	21	21	30	2	2	10	10	10
9	5	21	5	30	30	30	30	21	21	21	21	21	21	18	18	21	10	2	2	2	2	2	2	2	10	10	9	9	9
5	12	5	21	21	21	21	21	10	10	10	10	10	10	10	10	10	2	10	10	10	10	10	10	10	9	9			
12	9	9	9	9	9	9	9	9	9	9	9	9	9	9	2	2	9	9	9	9	9	9	9	9					
2	2	2	2	2	2	2	2	2	2	2	2	2	2	2	9	9													

STARTAUFSTELLUNG

1 Nelson Piquet 1.18,871
7 Alain Prost 1.19,175
15 Patrick Tambay 1.19,499
6 Keijo Rosberg 1.20,652
27 Michele Alboreto 1.20,910
28 Rene Arnoux 1.21,180
16 Derek Warwick 1.21,571
12 Nigel Mansell 1.21,710
22 Riccardo Patrese 1.21,937
2 Teo Fabi 1.22,206
18 Thierry Boutsen 1.22,248
19 Ayrton Senna 1.22,439
23 Eddie Cheever 1.22,525
5 Jacques Laffite 1.22,613
8 Niki Lauda 1.22,643
17 Marc Surer 1.22,708
26 Andrea de Cesaris 1.23,034
31 Gerhard Berger 1.23,116
25 Francois Hesnault 1.23,322
24 Piercarlo Ghinzani 1.24,699
10 Dr. Jonathan Palmer 1.25,050
30 Jo Gartner 1.26,156
11 Elio de Angelis 1.26,161
21 Mauro Baldi 1.28,137
9 Philippe Alliot 1.30,259
20 Stefan Johansson 1.41,178

ERGEBNISSE UND AUSFÄLLE

1. Alain Prost	McLaren MP4/2	1:35.13,284 = 191,751 km/h
2. Michele Alboreto	Ferrari 126 C4	1:35.37,195
3. Nelson Piquet	Brabham BT 53	1:35.38,206
4. Niki Lauda	McLaren MP4/2	1:35.56,370
5. Rene Arnoux	Ferrari 126 C4	1:36.14,714
6. Riccardo Patrese	Alfa Romeo 184 T	66 Runden
7. Andrea de Cesaris	Ligier JS 23 B	65 Runden
8. Mauro Baldi	Spirit 101 B	65 Runden
9. Thierry Boutsen	Arrows A 7	64 Runden, Kraftstoffmangel
10. Francois Hesnault	Ligier JS 23	64 Runden
11. Derek Warwick	Renault RE 50	61 Runden, Turbolader
12. Jo Gartner	Osella FA 1 F	60 Runden, Kraftstoffmangel
13. Teo Fabi	Brabham BT 53	57 Runden, Getriebe
14. Nigel Mansell	Lotus 95 T	51 Runden, Motor
15. Patrick Tambay	Renault RE 50	47 Runden, Zündung
16. Eddie Cheever	Alfa Romeo 184 T	37 Runden, Kraftstoffpumpe
17. Philippe Alliot	RAM 02	37 Runden, Turbolader
18. Dr. Jonathan Palmer	RAM 02	35 Runden, Motor
19. Jacques Laffite	Williams FW 09 B	27 Runden, Turbolader
20. Elio de Angelis	Lotus 95 T	25 Runden, Turbolader
21. Stefan Johansson	Toleman TG 184	17 Runden, Wasserpumpe
22. Piercarlo Ghinzani	Osella FA 1 F	Startrunde, Unfall
23. Marc Surer	Arrows A 7	Startrunde, Unfall
24. Gerhard Berger	ATS D 7	Startrunde, Unfall
25. Keijo Rosberg	Williams FW 09 B	Startrunde, Unfall
26. Ayrton Senna	Toleman TG 184	Startrunde, Unfall

SCHNELLSTE RUNDE (62. Runde)

Nelson Piquet Brabham BT 53 1.23,146 = 196,656 km/h

31	32	33	34	35	36	37	38	39	40	41	42	43	44	45	46	47	48	49	50	51	52	53	54	55	56	57	58	59	60	61	62	63	64	65	66	67
7	7	7	7	7	7	7	7	7	7	7	7	7	7	7	7	7	7	7	7	7	7	7	7	7	7	7	7	7	7	7	7	7	7	7	7	7
15	15	15	15	15	15	15	15	15	15	15	15	1	1	1	1	1	1	1	1	1	1	1	1	1	1	1	1	1	1	1	1	1	1	1	1	27
1	1	1	1	1	1	1	1	1	1	1	1	15	16	16	16	16	16	27	27	27	27	27	27	27	27	27	27	27	27	27	27	27	27	27	27	1
16	16	16	16	16	16	16	16	16	16	16	16	16	27	27	27	27	27	16	16	16	16	16	16	8	8	8	8	8	8	8	8	8	8	8	8	8
27	27	27	27	27	27	27	27	27	27	27	27	27	15	8	8	8	8	8	8	8	8	8	8	16	16	16	16	16	16	16	28	28	28	28	28	28
8	8	8	8	8	8	8	8	8	8	8	8	8	8	(15)	12	12	12	12	12	12	28	28	28	28	28	28	28	28	28	28	22	22	22	22	22	
28	28	28	28	28	28	28	28	12	12	12	12	12	12	12	28	28	28	28	28	28	22	22	22	22	22	22	22	22	22	22	26	26	26	26		
22	22	12	12	12	12	12	12	28	28	28	28	28	28	28	22	22	22	22	22	22	26	26	26	26	26	26	26	26	26	26	18	18	18	21		
12	12	22	22	22	22	22	22	22	22	22	22	22	22	22	26	26	26	26	26	26	18	18	18	18	18	18	18	18	18	18	21	21	21			
23	23	23	23	23	23	23	26	26	26	26	26	26	26	26	18	18	18	18	18	18	2	2	2	2	2	2	21	21	21	21	25	25	25			
26	26	26	26	26	26	26	18	18	18	18	18	18	18	18	2	2	2	2	2	2	21	21	21	21	21	21	25	25	25	25						
18	18	18	18	18	18	18	2	2	2	2	2	2	2	2	15	25	25	25	21	21	25	25	25	25	25	25	30	30	30							
25	25	25	25	25	25	25	25	25	25	25	25	25	25	25	25	21	21	21	25	25	30	30	30	30	30	30										
21	21	21	2	2	2	2	21	21	21	21	21	21	21	21	21	15	30	30	30	30																
30	30	2	21	21	21	21	30	30	30	30	30	30	30	30	30	30																				
2	2	30	30	30	30	30																														
10	10	10	10	(10)	9	(9)																														
9	9	9	9	9																																

WERTUNGSPUNKTE

Fahrer: Lauda 66, Prost 62,5, de Angelis 32, Piquet 28, Alboreto 27,5, Arnoux 27, Warwick 23, Rosberg 20,5, Mansell 13, Tambay 11, Senna 9, T. Fabi 9, Patrese 8, Laffite 5, Boutsen 5, de Cesaris 3, Cheever 3, Johansson 3, Ghinzani 2, Surer 1

Konstrukteure: McLaren 128,5, Ferrari 54,5, Lotus 45, Brabham 37, Renault 34, Williams 25,5, Toleman 12, Alfa Romeo 11, Arrows 6, Ligier 3, Osella 2

Großer Preis von Portugal

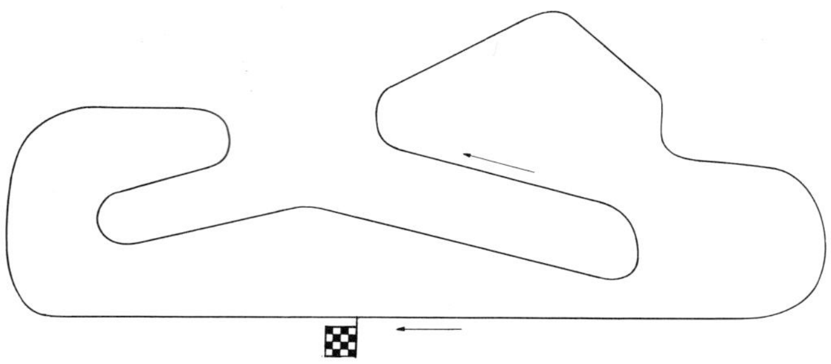

STRECKE

Ort und Datum	**Estoril, 21. Oktober**
Wetter	**trocken, warm**
Streckenlänge	**4,26 km**
Runden	**70**
Renndistanz	**298,2 km**

Das Rennen fand 1984 zum erstenmal statt

TRAININGSZEITEN

			19. Okt.	20. Okt.
1	Nelson Piquet	Brabham BT 53	1.30,889	1.21,703
2	Manfred Winkelhock	Brabham BT 53	–	1.25,289
5	Jacques Laffite	Williams FW 09 B	1.39,696	1.24,437
6	Keijo Rosberg	Williams FW 09 B	1.32,269	1.22,049
7	Alain Prost	McLaren MP4/2	1.28,276	1.21,774
8	Niki Lauda	McLaren MP4/2	1.28,837	1.23,183
9	Philippe Alliot	RAM 02	1.34,839	1.30,406
10	Dr. Jonathan Palmer	RAM 02	1.40,344	1.29,397
11	Elio de Angelis	Lotus 95 T	1.28,428	1.22,291
12	Nigel Mansell	Lotus 95 T	1.32,986	1.22,319
14	Gerhard Berger	ATS D 7	1.44,966	1.28,106
15	Patrick Tambay	Renault RE 50	1.29,409	1.22,583
16	Derek Warwick	Renault RE 50	1.35,913	1.22,801
17	Marc Surer	Arrows A 7	1.34,003	1.24,688
18	Thierry Boutsen	Arrows A 7	1.32,530	1.25,115
19	Ayrton Senna	Toleman TG 184	1.30,077	1.21,936
20	Stefan Johansson	Toleman TG 184	1.28,891	1.22,942
21	Mauro Baldi	Spirit 101 B	1.36,483	1.29,001
22	Riccardo Patrese	Alfa Romeo 184 T	1.37,154	1.24,048
23	Eddie Cheever	Alfa Romeo 184 T	1.34,809	1.24,235
24	Piercarlo Ghinzani	Osella FA 1 F	1.31,336	1.26,840
25	Francois Hesnault	Ligier JS 23	1.34,233	1.26,701
26	Andrea de Cesaris	Ligier JS 23 B	1.33,398	1.26,082
27	Michele Alboreto	Ferrari 126 C4	1.31,192	1.22,686
28	Rene Arnoux	Ferrari 126 C4	1.36,634	1.24,848
30	Jo Gartner	Osella FA 1 F	1.33,540	1.28,229
33	Philippe Streiff	Renault RE 50	1.37,280	1.24,089

Training

»Ich weiß, ich muß wenigstens und Niki Lauda darf höchstens den dritten Platz belegen, wenn ich Weltmeister werden soll«, wog Alain Prost vor dem letzten Gefecht seine Möglichkeiten gegen die des Gegners ab, »aber schwer wird es für jeden von uns«. Dennoch zweifelte der nach seinem sechsten Sieg wieder sehr selbstbewußte Franzose nicht wirklich daran, daß es diesmal klappen würde, und einen Ausfall, bei dem schon alles zugunsten des »nur« fünfmal siegreichen Österreichers entschieden wäre, zog er erst gar nicht in Betracht. Seiner Rechnung lag bereits ein FISA-Beschluß vom 9. Oktober zugrunde, der ihm schnell noch einen Zähler durch die seit der Tyrrell-Affäre offengehaltenen und nun doch an de Angelis, Fabi, ihn und Laffite vergebenen Punkte von Brundle in Detroit zuspielte.

Welche Schwierigkeiten vor allem den Tabellenführer erwarteten, zeichnete sich an den ersten beiden Trainingstagen noch nicht ab. Zwar markierte Prost am kalten Donnerstag und nassen Freitag in einem zweistündigen »Informationstraining«, das ihm und seinen Kollegen die renovierte und vielen unbekannte Strecke näherbringen sollte, und den beiden offiziellen Läufen jeweils die Bestzeit, doch blieb ihm Lauda mit einem dritten und vierten Platz die Antwort nicht schuldig. Nur im zweiten freien Training kam er über den 14. nicht hinaus. Am Samstag saß er jedoch kaum hinter dem Lenkrad, da zog er wieder einmal alle technischen Probleme des Teams auf sich. Im freien Training stellten sich Störungen in der Stromversorgung ein, die sich später als schadhafter Hauptschalter entpuppten, im einzigen trockenen Zeittraining verbremste er einen seiner zwei Qualifikationsreifensätze und in beiden Läufen beklagte er die unterdurchschnittliche Leistung seines über Nacht routinemäßig gewechselten Motors. Am Ende sprang für ihn nur der elfte Startplatz hinter Piquet, Prost, Senna, Rosberg, de Angelis, Mansell, Tambay, Alboreto, Warwick und Johansson heraus.

Verständlicherweise überschattete die Vorbereitung der beiden Titelanwärter auf die nun fällige Entscheidung die anderen Trainingsereignisse. Dennoch verdienten auch so hervorragende Einzelleistungen wie die neunte »Pole« des Exweltmeisters, der damit die Saisonrekorde von Peterson (1973) und Lauda (1974/75) einstellte, oder die erstaunlich hohe Plazierung beider Toleman-Fahrer allen Respekt und zwei neue Fahrer/Wagenkombinationen die nötige Aufmerksamkeit. Renault brachte zum Saisonende noch den 29jährigen französischen Formel 2-Fahrer Philippe Streiff, der sich im ersten Zeittraining gleich mit einer eindrucksvollen Billardnummer zwischen den Leitplanken empfahl, und Brabham-Boss Bernie Ecclestone bot dem arbeitslosen Winkelhock den durch einen Todesfall in der Fabi-Familie verwaisten zweiten BT 53 an.

Rennen

Wenngleich es in den ersten hektischen Sekunden den Anschein hatte, als könnte Lauda auch diesmal vom Übereifer seiner Vorderleute profitieren, so verfehlte Senna beim Start doch das rechte Hinterrad von Prost und ordnete sich eher widerstrebend hinter dem erschrockenen Franzosen ein. Diesen Augenblick nutzte Rosberg, um sich nicht nur an den beiden, sondern auch an dem wieder sehr zögerlich abgefahrenen Piquet vorbei an die Spitze zu katapultieren und das Feld vor Mansell, Prost, Piquet, Senna, Alboreto, de Angelis, Tambay, Warwick, Johansson, Cheever und Lauda in die erste Kurve zu führen. Statt Plätze zu gewinnen, verlor der durch Motorschaden im Warm-up zusätzlich belastete Österreicher also noch einen.
Während Lauda durch einen Dreher von Piquet in der Startrunde und die nicht allzu schwierige Passage von Cheever und Tambay in der dritten und sechsten Runde schließlich doch drei Plätze gutmachte, dann aber über ein Drittel des Rennens an Johansson hängenblieb, lief für Prost wieder alles wunschgemäß. Schon in der zweiten Runde erleichterte ihm ein Fahrfehler von Mansell den Vorstoß auf den zweiten Platz und in der neunten überließ ihm Rosberg, nach dessen Worten das Steuern eines Williams absolut nichts mit der Stellung der Vorderräder zu tun hatte, etwas weniger hilfsbereit die Führung. Der Franzose löste sich mühelos vom Finnen, den es nach weiteren Einbußen in der 40. Runde mit Motorschaden erwischte.
Die neue Lage nahm Lauda um weitere drei Punkte in die Pflicht. Genügte ihm vor dem Führungswechsel der kämpferisch wie – durch die zu erwartenden Ausfälle – taktisch noch erreichbare vierte Platz (69:68,5), so mußte es jetzt schon der mit fremder Hilfe allein nicht mehr zu verwirklichende zweite (72:71,5) sein. Doch Johansson widerstand weiterhin allen Angriffen, und wenn in dieser Phase nicht Warwick einen Dreher und de Angelis bereits Schwierigkeiten mit zu hart gewählten Reifen gehabt hätten, wäre er bis zur 27. Runde Neunter geblieben. So lange dauerte es, bis er den Schweden auf Kosten eines Remplers endlich niedergerungen hatte. Kurz darauf drehte sich auch Alboreto und gab ihm den fünften Platz frei.

Sieben Siege und kein Titel...

Noch bestand für Prost, der bereits zehn Sekunden vor Mansell und über eine halbe Minute vor Senna lag, kein Grund zur Panik. Mit einer solchen Entwicklung mußte er rechnen, und auch als Lauda in der 31. Runde den nicht nur zur Abwehr immer breiter gewordenen Rosberg an der üblichen Stelle ausbremste, korrigierte dies lediglich den bis dahin sehr einseitigen Rennverlauf. Den McLaren-Piloten und ihren Abstandshaltern folg-

ten noch 19 Fahrer, die sich bei ihrer späteren Überrundung zum Teil wie Arnoux klar gegen Prost oder gleich gruppenweise gegen Lauda stellten.
Doch als Lauda in der 33. Runde auch die vier Punkte von Senna kassierte, wurde es für Prost allmählich eng. Immerhin lag noch das halbe Rennen vor ihnen, und wenn er jetzt ihre Chancen gegeneinander abwog, schnitt er nicht mehr so gut ab. Was immer er tat – die Zeit arbeitete gegen ihn, denn auf Mansell und den Lotus-Renault war bei dieser Wegstrecke kein Verlaß. Andererseits durfte sich aber auch Lauda nicht auf den unberechenbaren Briten und mögliche Ausfall- oder Mangelerscheinungen seines Autos verlassen und lief bei der forcierten Jagd nach dem zweiten Platz ein sehr hohes Risiko. Nicht nur Winkelhock verwechselte seine Überrundung mit einem Positionskampf.
Die Entscheidung, die seit Monaten nicht fiel, wollte auch jetzt nicht fallen. Zuerst schien es, als könnte Lauda die inzwischen über eine halbe Minute entfernten sechs Punkte doch noch erreichen, dann blockten ihn wieder die Kollegen ab, und als er schließlich das Unmögliche akzeptierte und nur noch an sein Auto dachte – Originalton Lauda: »Bitte, liebes Sch...haus, halt aus!« – standen Prost und ihm, seinem Team, den Zuschauern und Millionen am Bildschirm daheim weitere endlose Runden der Ungewißheit bevor. Bis zur 50. änderte sich absolut nichts.
Doch dann ging alles so schnell, daß es nicht einmal die TV-Leute in ihren luftigen Kameranestern richtig mitbekamen. In nur einer Runde schloß Lauda bis auf wenige Wagenlängen zu dem völlig außer Tritt geratenen Mansell auf und überholte ihn gleich im nächsten Umlauf – nicht der unvermeidliche Dreher des Lotus-Fahrers, sondern das Leck in seiner Bremshydraulik machten Lauda zum glücklichsten und Prost zum traurigsten Menschen der Welt. Den bedauernswerten Franzosen konnte nur noch die zum Finale mitgereiste Prinzessin Stephanie von Monaco trösten.
Als Niki Lauda in den letzten Runden seine dritte Weltmeisterschaft behutsam nach Hause fuhr, feierten McLaren, TAG und Porsche kräftig mit. Der Österreicher war mit drei Titeln (Fangio 5, Stewart 3), 24 Siegen (Stewart 27, Clark 25, Fangio 24) und 406,5 Punkten (Stewart 360) in seiner zwölfjährigen Karriere (1971–1979, 1982–1984) nun wirklich einer der Größten, sein Team mit zwölf Siegen (Prost 7, Lauda 5) in einer Saison überlegener Pokalgewinner und vor Lotus (8 Siege) neuer Rekordhalter.

RUNDENTABELLE

			1	2	3	4	5	6	7	8	9	10	11	12	13	14	15	16	17	18	19	20	21	22	23	24	25	26	27	28	29	30
1	Nelson Piquet	Brabham BT 53	6	6	6	6	6	6	6	6	7	7	7	7	7	7	7	7	7	7	7	7	7	7	7	7	7	7	7	7	7	7
7	Alain Prost	McLaren MP4/2	12	7	7	7	7	7	7	7	6	6	6	12	12	12	12	12	12	12	12	12	12	12	12	12	12	12	12	12	12	12
19	Ayrton Senna	Toleman TG 184	7	12	12	12	12	12	12	12	12	12	12	6	6	6	6	6	6	6	19	19	19	19	19	19	19	19	19	19	19	19
6	Keijo Rosberg	Williams FW 09 B	19	19	19	19	19	19	19	19	19	19	19	19	19	19	19	19	19	19	6	6	6	6	6	6	6	6	6	6	6	6
11	Elio de Angelis	Lotus 95 T	27	27	27	27	27	27	27	27	27	27	27	27	27	27	27	27	27	27	27	27	27	27	27	27	27	27	27	8	8	8
12	Nigel Mansell	Lotus 95 T	11	11	11	11	11	11	11	11	11	16	16	16	11	11	11	11	11	20	20	20	20	20	20	20	20	20	8	27	27	27
15	Patrick Tambay	Renault RE 50	15	16	16	16	16	16	16	16	16	11	11	11	20	20	20	20	20	8	8	8	8	8	8	8	8	8	20	20	15	15
27	Michele Alboreto	Ferrari 126 C4	16	15	15	15	20	20	20	20	20	20	20	20	8	8	8	8	8	11	11	15	15	15	15	15	15	15	15	15	11	11
16	Derek Warwick	Renault RE 50	20	20	20	20	15	8	8	8	8	8	8	8	15	15	15	15	15	15	15	11	11	11	11	11	11	11	11	11	20	22
20	Stefan Johansson	Toleman TG 184	23	23	8	8	8	15	15	15	15	15	15	15	23	23	23	23	23	23	23	23	23	23	23	23	23	23	22	22	22	2
8	Niki Lauda	McLaren MP4/2	8	8	23	23	23	23	23	23	23	23	23	23	22	22	22	22	22	22	22	22	22	22	22	22	22	22	2	2	2	26
22	Riccardo Patrese	Alfa Romeo 184 T	22	22	22	22	22	22	22	22	22	22	22	22	18	18	18	18	18	18	18	18	18	18	18	18	2	2	26	26	26	28
33	Philippe Streiff	Renault RE 50	18	18	18	18	18	18	18	18	18	18	18	18	2	2	2	2	2	2	2	2	2	2	2	2	26	26	1	28	28	1
23	Eddie Cheever	Alfa Romeo 184 T	17	2	2	2	2	2	2	2	2	2	2	2	16	26	26	26	26	26	26	26	26	26	26	26	1	1	23	1	1	25
5	Jacques Laffite	Williams FW 09 B	2	17	17	17	17	17	17	17	26	26	26	26	26	5	5	5	5	5	5	1	1	1	1	1	16	16	28	25	25	14
17	Marc Surer	Arrows A 7	28	28	28	28	28	28	28	28	28	28	5	5	5	33	33	1	1	1	1	16	16	16	16	16	28	28	25	14	14	24
28	Rene Arnoux	Ferrari 126 C4	26	26	26	26	26	26	26	26	5	5	28	33	33	1	1	33	33	33	16	5	33	28	28	28	25	25	14	24	24	21
18	Thierry Boutsen	Arrows A 7	33	33	33	33	33	33	33	33	33	33	33	28	28	28	28	28	28	16	33	33	28	25	25	25	14	14	24	21	21	16
2	M. Winkelhock	Brabham BT 53	5	5	5	5	5	5	5	5	1	1	1	1	1	16	16	16	16	28	28	28	25	14	14	14	24	24	21	30	16	30
26	Andrea de Cesaris	Ligier JS 23 B	25	25	25	25	25	25	25	1	25	25	25	25	25	25	25	25	25	25	25	25	14	24	24	24	21	21	30	16	30	33
25	Francois Hesnault	Ligier JS 23	14	14	14	14	14	14	1	25	14	14	14	14	14	14	14	14	14	14	14	14	24	21	21	21	30	30	16	33	33	20
24	Piercarlo Ghinzani	Osella FA 1 F	24	24	24	24	24	24	14	14	24	24	24	24	24	24	24	24	24	24	24	24	21	30	30	30	33	33	33	5	5	5
14	Gerhard Berger	ATS D 7	30	30	30	30	1	1	24	24	30	30	30	30	30	21	21	21	21	21	21	21	30	33	33	33	5	5	5	23	23	23
30	Jo Gartner	Osella FA 1 F	21	21	21	1	30	30	30	30	21	21	21	21	21	30	30	30	30	30	30	30	5	5	5	5						
21	Mauro Baldi	Spirit 101 B	10	10	10	21	21	10	10	21	10	10	10	10	10	10	10	10	10	10	10											
10	Dr. J. Palmer	RAM 02	9	9	1	10	10	21	21	10																						
9	Philippe Alliot	RAM 02	1	1																												

STARTAUFSTELLUNG

1 Nelson Piquet 1.21,703
7 Alain Prost 1.21,774
19 Ayrton Senna 1.21,936
6 Keijo Rosberg 1.22,049
11 Elio de Angelis 1.22,291
12 Nigel Mansell 1.22,319
15 Patrick Tambay 1.22,583
27 Michele Alboreto 1.22,686
16 Derek Warwick 1.22,801
20 Stefan Johansson 1.22,942
8 Niki Lauda 1.23,183
22 Riccardo Patrese 1.24,048
33 Philippe Streiff 1.24,089
23 Eddie Cheever 1.24,235
5 Jacques Laffite 1.24,437
17 Marc Surer 1.24,688
28 Rene Arnoux 1.24,848
18 Thierry Boutsen 1.25,115
2 Manfred Winkelhock 1.25,289
26 Andrea de Cesaris 1.26,082
25 Francois Hesnault 1.26,701
24 Piercarlo Ghinzani 1.26,840
14 Gerhard Berger 1.28,106
30 Jo Gartner 1.28,229
21 Mauro Baldi 1.29,001
10 Dr. Jonathan Palmer 1.29,397
9 Philippe Alliot 1.30,406

ERGEBNISSE UND AUSFÄLLE

1.	Alain Prost	McLaren MP4/2	1:41.11,753 = 176,805 km/h
2.	Niki Lauda	McLaren MP4/2	1:41.25,178
3.	Ayrton Senna	Toleman TG 184	1:41.31,795
4.	Michele Alboreto	Ferrari 126 C4	1:41.32,070
5.	Elio de Angelis	Lotus 95 T	1:42.43,922
6.	Nelson Piquet	Brabham BT 53	69 Runden
7.	Patrick Tambay	Renault RE 50	69 Runden
8.	Riccardo Patrese	Alfa Romeo 184 T	69 Runden
9.	Rene Arnoux	Ferrari 126 C4	69 Runden
10.	Manfred Winkelhock	Brabham BT 53	69 Runden
11.	Stefan Johansson	Toleman TG 184	69 Runden
12.	Andrea de Cesaris	Ligier JS 23 B	69 Runden
13.	Gerhard Berger	ATS D 7	68 Runden
14.	Jacques Laffite	Williams FW 09 B	67 Runden
15.	Mauro Baldi	Spirit 101 B	66 Runden
16.	Jo Gartner	Osella FA 1 F	65 Runden, Kraftstoffmangel
17.	Eddie Cheever	Alfa Romeo 184 T	64 Runden
18.	Piercarlo Ghinzani	Osella FA 1 F	60 Runden, Motor
19.	Nigel Mansell	Lotus 95 T	52 Runden, Bremsen
20.	Derek Warwick	Renault RE 50	51 Runden, Getriebe
21.	Philippe Streiff	Renault RE 50	48 Runden, Getriebe
22.	Keijo Rosberg	Williams FW 09 B	39 Runden, Motor
23.	Francois Hesnault	Ligier JS 23	31 Runden, Zündung
24.	Thierry Boutsen	Arrows A 7	24 Runden, Gelenkwelle
25.	Dr. Jonathan Palmer	RAM 02	19 Runden, Getriebe
26.	Marc Surer	Arrows A 7	8 Runden, Zündung
27.	Philippe Alliot	RAM 02	2 Runden, Motor

SCHNELLSTE RUNDE (51. Runde)

Niki Lauda McLaren MP4/2 1.22,996 = 184,78 km/h

31	32	33	34	35	36	37	38	39	40	41	42	43	44	45	46	47	48	49	50	51	52	53	54	55	56	57	58	59	60	61	62	63	64	65	66	67	68	69	70
7	7	7	7	7	7	7	7	7	7	7	7	7	7	7	7	7	7	7	7	7	7	7	7	7	7	7	7	7	7	7	7	7	7	7	7	7	7	7	7
12	12	12	12	12	12	12	12	12	12	12	12	12	12	12	12	12	12	12	12	12	8	8	8	8	8	8	8	8	8	8	8	8	8	8	8	8	8	8	8
19	19	8	8	8	8	8	8	8	8	8	8	8	8	8	8	8	8	8	8	8	19	19	19	19	19	19	19	19	19	19	19	19	19	19	19	19	19	19	19
8	8	19	19	19	19	19	19	19	19	19	19	19	19	19	19	19	19	19	19	19	27	27	27	27	27	27	27	27	27	27	27	27	27	27	27	27	27	27	27
6	6	6	6	6	6	6	6	27	27	27	27	27	27	27	27	27	27	27	27	27	11	11	11	11	11	11	11	11	11	11	11	11	11	11	11	11	11	11	11
27	27	27	27	27	27	27	27	6	15	15	15	15	11	11	11	11	11	11	11	11	15	15	15	15	15	15	15	15	15	15	15	1	1	1	1	1	1	1	
15	15	15	15	15	15	15	15	15	11	11	11	11	15	15	15	15	15	15	15	15	(12)	22	22	1	1	1	1	1	1	1	1	15	15	15	15	15	15	15	
11	11	11	11	11	11	11	11	11	22	22	22	22	22	22	22	22	22	22	22	22	22	1	1	22	22	22	22	22	22	22	22	22	22	22	22	22	22	22	
22	22	22	22	22	22	22	22	22	2	2	2	2	2	2	2	2	2	2	2	1	1	2	2	2	2	2	2	2	2	2	2	2	2	2	2	2	2	28	
2	2	2	2	2	2	2	2	2	26	26	26	26	26	26	26	26	26	1	1	2	2	26	26	26	26	26	26	26	26	26	26	26	26	28	28	28	28	2	
26	26	26	26	26	26	26	26	26	1	1	1	1	1	1	1	1	1	26	26	26	26	28	28	28	28	28	28	28	28	28	28	28	28	26	26	26	26	20	
28	28	1	1	1	1	1	1	1	28	28	28	28	28	28	28	28	28	28	28	28	28	20	20	20	20	20	20	20	20	20	20	20	20	20	20	20	20	26	
1	1	28	28	28	28	28	28	28	16	16	16	16	16	16	16	16	16	16	16	16	20	30	30	30	30	30	30	30	30	30	30	30	30	30	14	14	14		
14	14	16	16	16	16	16	16	16	14	14	14	14	14	14	14	14	14	20	20	20	14	14	14	14	14	14	14	14	14	14	14	14	14	14	5	5			
16	16	14	14	14	14	14	14	14	30	30	30	30	30	30	20	20	14	14	14	14	30	21	21	21	21	21	21	21	21	5	5	5	5	5	21				
21	21	21	21	21	21	21	30	30	33	33	33	33	33	33	20	33	30	30	30	30	21	5	5	5	5	5	5	5	5	21	21	21	21	21					
24	24	30	30	30	30	30	21	21	21	21	20	20	20	20	33	30	33	21	21	21	24	24	24	24	24	24	24	24	24	23	23	23	23						
30	30	24	24	24	24	33	33	33	20	20	21	21	21	21	21	21	21	24	24	24	5	23	23	23	23	23	23	23	23										
25	33	33	33	33	33	24	24	24	24	24	24	24	24	24	24	24	24	5	5	5	23																		
33	20	20	20	20	20	20	20	20	5	5	5	5	5	5	5	5	5	23	23	23																			
20	5	5	5	(5)	5	5	5	5	23	23	23	23	23	23	23	23	23																						
5	23	23	23	23	23	23	23	23																															
23																																							

WERTUNGSPUNKTE

Fahrer: Lauda 72, Prost 71,5, de Angelis 34, Alboreto 30,5, Piquet 29, Arnoux 27, Warwick 23, Rosberg 20,5, Mansell 13, Senna 13, Tambay 11, T. Fabi 9, Patrese 8, Laffite 5, Boutsen 5, Cheever 3, de Cesaris 3, Johansson 3, Ghinzani 2, Surer 1

Konstrukteure: McLaren 143,5, Ferrari 57,5, Lotus 47, Brabham 38, Renault 34, Williams 25,5, Toleman 16, Alfa Romeo 11, Arrows 6, Ligier 3, Osella 2

Fahrer-Weltmeisterschaft 1984

	Brasilien, 25. März	Südafrika, 7. April	Belgien, 29. April	San Marino, 6. Mai	Frankreich, 20. Mai	Monaco, 3. Juni	Kanada, 17. Juni	Detroit, 24. Juni	Dallas, 8. Juli	England, 22. Juli	Deutschland, 5. August	Österreich, 19. August	Niederlande, 26. August	Italien, 9. September	GP Europa, 7. Oktober	Portugal, 21. Oktober	**Punkte**
1. Niki Lauda	–	9	–	–	9	–	6	–	–	9	6	9	6	9	3	6	**72**
2. Alain Prost	9	6	–	9	–	4,5	4	3	–	–	9	–	9	–	9	9	**71,5**
3. Elio de Angelis	4	–	2	4	2	1	3	6	4	3	–	–	3	–	–	2	**34**
4. Michele Alboreto	–	–	9	–	–	0,5	–	–	–	2	–	4	–	6	6	3	**30,5**
5. Nelson Piquet	–	–	–	–	–	–	9	9	–	–	–	6	–	–	4	1	**29**
6. Rene Arnoux	–	–	4	6	3	2	2	–	6	1	1	–	–	–	2	–	**27**
7. Derek Warwick	–	4	6	3	–	–	–	–	–	6	4	–	–	–	–	–	**23**
8. Keijo Rosberg	6	–	3	–	1	1,5	–	–	9	–	–	–	–	–	–	–	**20,5**
9. Nigel Mansell	–	–	–	–	4	–	1	–	1	–	3	–	4	–	–	–	**13**
Ayrton Senna da Silva	–	1	1	–	–	3	–	–	–	4	–	–	–	–	–	4	**13**
11. Patrick Tambay	2	–	–	–	6	–	–	–	–	–	2	–	1	–	–	–	**11**
12. Teo Fabi	–	–	–	–	–	–	–	4	–	–	–	3	2	–	–	–	**9**
13. Riccardo Patrese	–	3	–	–	–	–	–	–	–	–	–	–	–	4	1	–	**8**
14. Jacques Laffite	–	–	–	–	–	–	–	2	3	–	–	–	–	–	–	–	**5**
Thierry Boutsen	1	–	–	2	–	–	–	–	–	–	–	2	–	–	–	–	**5**
16. Eddie Cheever	3	–	–	–	–	–	–	–	–	–	–	–	–	–	–	–	**3**
Andrea de Cesaris	–	2	–	1	–	–	–	–	–	–	–	–	–	–	–	–	**3**
Stefan Johansson	–	–	–	–	–	–	–	–	–	–	–	–	–	3	–	–	**3**
19. Giancarlo Ghinzani	–	–	–	–	–	–	–	–	2	–	–	–	–	–	–	–	**2**
20. Marc Surer	–	–	–	–	–	–	–	–	–	–	–	1	–	–	–	–	**1**

Internationaler Pokal für Formel 1-Konstrukteure 1984

	Brasilien, 25. März	Südafrika, 7. April	Belgien, 29. April	San Marino, 6. Mai	Frankreich, 20. Mai	Monaco, 3. Juni	Kanada, 17. Juni	Detroit, 24. Juni	Dallas, 8. Juli	England, 22. Juli	Deutschland, 5. August	Österreich, 19. August	Niederlande, 26. August	Italien, 9. September	GP Europa, 7. Oktober	Portugal, 21. Oktober	**Punkte**
1. McLaren	9	15	–	9	9	4,5	10	3	–	9	15	9	15	9	12	15	**143,5**
2. Ferrari	–	–	13	6	3	2,5	2	–	6	3	1	4	–	6	8	3	**57,5**
3. Lotus	4	–	2	4	6	1	4	6	5	3	3	–	7	–	–	2	**47**
4. Brabham	–	–	–	–	–	–	9	13	–	–	–	9	2	–	4	1	**38**
5. Renault	2	4	6	3	6	–	–	–	–	6	6	–	1	–	–	–	**34**
6. Williams	6	–	3	–	1	1,5	–	2	12	–	–	–	–	–	–	–	**25,5**
7. Toleman	–	1	1	–	–	3	–	–	–	4	–	–	–	3	–	4	**16**
8. Alfa Romeo	3	3	–	–	–	–	–	–	–	–	–	–	–	4	1	–	**11**
9. Arrows	1	–	–	2	–	–	–	–	–	–	–	3	–	–	–	–	**6**
10. Ligier	–	2	–	1	–	–	–	–	–	–	–	–	–	–	–	–	**3**
11. Osella	–	–	–	–	–	–	–	–	2	–	–	–	–	–	–	–	**2**

Durch Disqualifikation von Brundle (8 Punkte), Bellof (5 Punkte) und Tyrrell (13 Punkte) rückten Alboreto, de Angelis, Arnoux, Boutsen, de Cesaris, T. Fabi, Laffite, Prost, Rosberg, Senna, Tambay, Arrows, Brabham, Ferrari, Ligier, Lotus, McLaren, Renault, Toleman und Williams um die entsprechenden Punkte in der Fahrer- und Konstrukteurswertung nach. Die Punkte der nicht punktberechtigten Gartner und Berger vom Großen Preis von Italien wurden nicht vergeben.

NIRGENDS STEHT MEHR ÜBER AUTO, MOTOR UND SPORT ALS IN

auto motor und sport

Europas großes Automagazin.
Alle 14 Tage. Mittwochs.

RENNSPORT: Typen und Technik

Männer, Frauen und Motoren

Von A. Neubauer und H.T. Rowe

Das Leben von Alfred Neubauer, des legendären Rennleiters von Mercedes, ist ein Stück Geschichte des internationalen Motorrennsports. Kein zweiter Mensch hat die dramatischen Duelle auf Leben und Tod zwischen den größten Fahrern unseres Jahrhunderts so genau beobachten können.

408 Seiten, 42 Abbildungen, gebunden, statt DM 38.– (Originalausgabe) jetzt als ungekürzte Sonderausgabe nur DM 22.–

Die Veritas-Story

Die Chronik einer legendären deutschen Marke 1947 bis 1953

Von Hanns-Peter Rosellen

Dies ist die Geschichte vom atemberaubenden Aufstieg und dem dramatischen Niedergang der »Veritas«-Renn- und Sportwagen.

160 Seiten mit 100 Abbildungen, gebunden, DM 29.–

Turboautos · Turbomotoren

Entwicklung, Technik, Tuning, Typologie

Von Gert Hack

Seit 20 Jahren gibt es Autos mit Turbolader und seit zehn Jahren beflügelt die Wunderdroge Turbo die Automobiltechnik. Es war also höchste Zeit, daß ein Buch über das Phänomen Turbolader geschrieben wurde. Gert Hack, der die Geschichte des Turboladers von Anfang an erlebte, hat sich der Aufgabe angenommen.

264 Seiten, 302 Abbildungen, gebunden, DM 39.–

Grand Prix-Report Auto Union 1934 bis 1939

Von Peter Kirchberg

Dies ist ein minuziöser Bericht über die Technik, Fahrer sowie politische und wirtschaftliche Hintergründe.

208 Seiten, 175 Abbildungen, gebunden, DM 36.–

Porsche-Rennwagen der siebziger Jahre

Von Paul Frère

Der Autor konzentriert sich in diesem Buch nicht allein auf den so erfolgreichen Typ 917, der als 917/30 zum schnellsten Straßenrennwagen aller Zeiten heranreifte, sondern widmet auch den Carrera und Carrera-Turbo (934, 935 und 936) ausführliche Kapitel, bei denen er »aus dem Vollen schöpfen« konnte.

216 Seiten mit 123 Abbildungen, davon 7 farbig, gebunden, DM 38.–

Die Porsche 911-Story

Von Paul Frère

248 Seiten, 135 Abbildungen, davon 7 farbig, gebunden, DM 33.–

Die Formel 1 Asse unserer Zeit

Die Fahrer · Die Wagen · Die Strecken

Von Achim Schlang

Hier werden alle bedeutenden Fahrerpersönlichkeiten seit Anfang der 70er Jahre vorgestellt, ihre Wagen, die Strecken. Die Schicksale dieser Top-Fahrer von heute hat der Autor als langjähriger intensiver Beobachter der Szene sorgfältig recherchiert und mit viel Liebe zum Detail aufgezeichnet. Das Buch ist nicht auf die letzte Saison zugeschnitten, so daß die Akualität für längere Zeit gewahrt bleibt.

216 Seiten, 60 Abbildungen, davon 20 farbig, gebunden, DM 36.–

Die verrücktesten Autorennen der Welt

Von Hans Georg Isenberg

120 Seiten, 113 Abbildungen, davon 30 farbig, gebunden, DM 29.–

BILDBÄNDE IM GROSSFORMAT

Die Europäischen Traumautos 1950–1965

Von A. Martinez und J.L. Nory

Die große Parade der europäischen Traumautos der Zeit von 1950 bis 1965. Namen wie Alfa Romeo, Bentley, BMW, Bugatti, Ferrari, Jaguar, Lancia, Lotus, Maserati, Mercedes oder Porsche zergehen förmlich auf der Zunge und lassen auch heute noch die Herzen höher schlagen.

190 Seiten, 120 zum Teil großformatige Farb-, 83 schwarz-weiß-Abbildungen, Großformat, gebunden, DM 58.–

Ferrari Renn- und Sportwagen, Prototypen

Von Antoine Prunet

In diesem Prachtband werden alle Ferrari-Renn- und Sportwagen beschrieben. Mit gestochen scharfen Fotos, zum Teil in brillanten Farben. Mit Rennergebnissen und allen wichtigen Einzelheiten aus der Zeit, als die roten Renner mit dem springenden Pferd die Rennstrekken in aller Welt beherrschten.

430 Seiten mit 487 Abbildungen, davon 57 farbig, Großformat, gebunden, DM 68.–

Motor buch Verlag

MOTORBUCH VERLAG

Postfach 1370 · 7000 Stuttgart 1